Small Office Home Office

일본 보따리무역의
모든 것

보따리

# 일본 소호무역
# 창업의
# 길라잡이

김영문 · 임동근

집현재

# 머리말

### 아름다운 삶, 사랑 그리고 마무리...

1997년 11월에 한국이 경제부도의 위기로 내몰리면서 수많은 직장인들이 정든 회사를 떠나 길거리로 쏟아져 나왔었는데, 그 때에 실직자들을 위해 막연히 무엇인가 도움이 되는 일을 해야 하겠다는 생각을 갖고 금훈섭 (주)이야기 대표, 신순희 (주)모든 넷 대표, 하태호 사랑넷 대표 등을 만나서 1998년 8월에 한국소호벤처창업협의회(soho.sarang.net)라는 이름으로 모임을 만들었습니다. 무엇인가 거창한 단체를 만들겠다는 생각보다는 삶의 터전을 잃고 희망을 잃어버린 실직자들에게 조그마한 도움이라도 드리고 싶었습니다.

그 이후 1999년 3월에 계명대학교 대명캠퍼스 시청각실에서 대구광역시 곽영길 당시 주임의 도움을 받아서 「'99 소호창업박람회」를 개최하였는데, 아마도 3,000명 정도는 참가한 것으로 기억이 납니다. 부스 40개를 설치하였고 세미나도 진행하였는데, 그 당시 신일희 계명대학교 총장님을 비롯한 참석한 내빈들이 박람회장에 들어가기도 힘들 정도로 많은 예비창업자들이 참석을 하였습니다. 개회사를 하면서 벤허 영화를 감독한 윌리엄 와일러가 시사회에서 말한 "하느님, 이 영화를 정말 제가 만들었습니까?"를 인용하면서 감격해 했던 생각이 아직도 생생합니다.

1999년 10월에는 중소기업청으로부터 한국소호진흥협회(www.sohokorea.org)로 명칭을 변경하여 사단법인 인가를 받았는데, 그 당시에 신민철 사무관께서 사단법인 인가를 받을 생각이 없느냐고 했을 때에 처음에는 거절했던 생각도 납니다. 사단법인을 만들기 위해서 창업분야의 일을 하였던 것도 아니었고, 굳이 사단법인이 필요하지 않았던 것입니다. 그 이후 한두 번 정도 더 전화를 받고서야 사단법인을 만들어서 일을 해야 하겠다는 생각을 하였습니다. 그때에는 소호(soho)라는 말보다는 벤처(venture)라는 말이 더 인기가 있었기 때문에 소호관련 협회를 운영하는 것이 매우 힘들기도 하였습니다.

2001년에는 뉴비즈니스연구소(www.newbiz.or.kr) 사이트를 뜻을 같이 하시는 분들과 함께 개설하였는데, 그것은 생각하는 창업, 연구하는 창업, 뿌리가 있는 창업의 필요성을 느끼면서, 창업도 조사와 연구를 통해서 발전할 수 있다는 것을 알았기 때문입니다. 다른 사람의 아이템을 베끼거나 대충 시작해서는 절대로 성공창업을 보장받을 수 없기 때문입니다. 개인적으로 볼 때에는 뉴비즈니스연구소(www.newbiz.or.kr) 사이트를 오픈하면서 창업관련 조사 및 연구 활동을 활발하게 진행하였습니다. 물론 뉴비즈니스연구소라는 사이트가 설립 취지에 맞게 성공하였다고는 할 수가 없으나 창업분야에서 조사 및 연구가 얼마나 중요한가를 깨닫게 된 계기가 되었습니다.

2003년도에는 저에게 전혀 예상하지 못한 일이 일어났습니다. 그것은 계명대학교 벤처창업보육사업단의 설립을 위해 일을 하였지만, 설립 후 전혀 사업단의 운영에 참여하지 못해 많은 서러움을 갖고 있었던 저에게 사업단장이라는 직책이 맡겨지게 되었습니다. 제가 그 일을 맡게 될 것이라고는 꿈에도 생각하지 않았기에 혼신의 힘을 다해서 열심히 일을 하였다고 자부합니다.

2003년 2월 1일부터 계명대학교 벤처창업보육사업단(www.kubic.co.kr)의 단장으로 일을 하면서 중소기업청 평가에서 대구경북지역 36개 창업보육센터 중에서 유일하게 6년 연속 최우수 평가를 받았습니다. 2005년에는 정보통신부장관 표창을 받았으며, 그 해 전국 최우수 창업보육센터장으로 선정되어 산업자원부장관 표창을 받기도 하였습니다. 이러한 업적들은 함께 수고한 박신제 매니저, 정태용 매니저, 차재민 매니저, 김미영 등 사업단에 근무하는 모든 분들의 수고 때문이라고 생각하며, 고마움을 전하고자 합니다.

이렇게 창업분야의 일을 하다보니 방송과도 인연이 많았습니다. 1999년에는 TBC 라디오 박원달PD와 인연을 맺으면서「알기 쉬운 경제교실」에 1년 6개월간 출연하였으며, TBC TV의 아침방송에서 이학락PD와 함께「클릭! 김영문의 인터넷세상」을 6개월간 진행하였으며, KBS 1라디오에서 김지인 부장과「창업이 보인다」라는 프로그램에 4년 이상 고정 출연을 하였습니다.

언론활동 중에서 아마 가장 기억에 남은 방송이라면 당시 KBS 9시뉴스 진행자였던 황현정 아나운서와 서울 여의도에서 소호창업에 대해 2시간 생방송을 했던 것이었는데, 하도 긴장을 해서 방송 전에 화장실을 10번은 간 것 같았습니다. 처음에는 힘들었던 방송이 그 이후에는 너무 쉽게 느껴졌으나 이제는 말 한마디에도 책임감을 느끼는 시간들이 되었습니다. 저의 한 마디로 인해 방송을 보고 듣는 분들에게는 알토란 같이 모은 전 재산을 날릴 수도 있다는 것을 알게 되었기 때문입니다.

2004년 4월 20일에는 사랑나눔재단(www.mis.or.kr)을 예수그리스도의 인도하심으로 설립하여 2006년 2월 22일에 대구광역시

로부터 사랑나눔회(www.mis.or.kr, 현재 웹사이트는 폐쇄하였으며 cafe.daum.net/isoho2jobs에서 통합 운영하고 있음)로 명칭을 변경하여 비영리민간단체(Non-Profit Organization, NPO)로 인가를 받았습니다. 사랑나눔회는 저의 삶에서 가장 중요한 일 중의 하나이기도 하였으며, 거듭나는 삶의 은사를 받는 계기를 마련해 주었습니다. 천상천하유아독존(天上天下唯我獨尊)과 같은 삶에서 낮추고, 덜어내고, 긍휼히 여기는 마음을 갖도록 오래 전에 예수그리스도께서 저에게 예비하신 길이었다는 것을 굳게 믿습니다.

사실, 1998년부터 무엇 때문에 제가 창업분야의 일을 하게 되었는가에 대해 가끔 스스로에게 궁금하게 생각을 하였는데, 지금 생각해 보면 사랑나눔회를 위한 준비와 훈련을 시키신 것이었다고 생각됩니다. (사)한국소호진흥협회에서 일을 하면서 프랜차이즈 본사와의 갈등이 너무 많아서 협회의 운영에 대해 좌절과 회의가 많았는데, 사랑나눔회에서 봉사를 하면서 나눔의 즐거움과 기쁨의 시간이 너무 많았습니다. 창업이라는 분야에서도 늘 다른 곳에서 방황하다가 이제야 제가 있어야 하는 곳에 왔다는 생각을 하게 되었습니다.

2005년 9월 1일에는 창업길라잡이 카페(cafe.daum.net/isoho2jobs)를 개설하였는데, 예비창업자들을 위해 매주 창업행사를 개최하며 창업상담도 해 드리는 기회를 만들어 보기 위함이었고, 아울러 사랑나눔회를 운영하기 위한 복지기금이 필요했기 때문이기도 하였습니다. 카페에서 진행하는 행사에 오시는 모든 분들이 사랑나눔회의 아름답고 따뜻한 후원자라는 것을 생각할 때에 그저 감사한 마음뿐입니다. 그 분들의 참가비는 한 푼의 낭비도 없이 예수그리스도께서 보시기에 부끄러움이 없도록 장애인, 모자가정, 교도소 수용자 등의 소외계층과 국내외의 선교사업을 위해 사용되고 있습니다.

2010년 3월 10일에는 대구경북창업카페연합회를 설립하였는데, 그것은 활동의 범위를 대구경북지역으로 한정하여 창업을 해야 하는 분들에게 소박하게 봉사하기 위함이었습니다. 이를 위해 사단법인 한국소호진흥협회 및 여러 관공서의 각종 위원 등을 모두 정리하였습니다. 남은 삶을 한 곳에 헌신하고, 그리고 아름답게 마무리를 하기 위한 마지막 준비라는 생각을 하였습니다.

사실 1998년 8월 이후 창업분야의 일을 하면서 주머니에는 늘 위장약을 갖고 다니면서 복용하였으며, 2003년 5월에 의식을 잃고 택시에 실려 병원에 가기도 하였습니다. 그때에는 식구들도 몰라보게 되었는데, 택시를 타고 병원에 가면서 조금씩 의식을 회복하게 되었습니다.

하지만, 또 다시 2009년 11월 28일 토요일 저녁에 잠을 자다가 뇌출혈로 다시 병원에 가게 되었으며, 병원에 도착하자 마자 의식을 잃고 뇌수술을 받게 되었습니다. 8일 만에 의식을 다시 찾았으며, 16일간의 중환자실 및 총 27일간의 입원을 통해 겨우 생명을 다시 찾았습니다.

한편, 2011년 3월에는 연구년 기간 중에 창업선도대학 계명대학교 창업지원단의 기술창업육성부장이라는 보직을 발령받았고, 그 해 11월 1일에는 창업지원단장의 보직을 발령받아 2013년 1월 31일까지 일을 하였습니다. 오직 예비창업자들만을 생각하면서 정말로 열심히 일을 하였으며, 2011－2012년의 창업선도대학 사업실적 평가에서 전국 18개의 창업선도대학 중에서 1위를 하였습니다. 하지만, 과로 및 스트레스로 인해 2012년 말에 뇌출혈의 후유증으로 인해 2번이나 쓰러져서 창업지원단장이 직에서 사임을 하고 연구실로 돌아왔습니다. 앞으로 계명대학교에서의 남은 시간들은 교수라는 위치로 온전히 돌아와서 학생들에게는 좋은 강의를 하고, 창업의 모든 분야를 더 깊이 있게 연구하기 위해서 모든 시간을 보내게 될 것입니다.

오랜 시간을 되돌아 가보면, 대학교 3학년 때에 학회장에 출마하면서 선거유세를 위해 강의실을 다니면서 「不義와 타협하지 않겠습니다.」라는 글자를 칠판에 적은 기억이 납니다. 그 때의 그 마음이 아직도 그리고 앞으로도 변치 않기를 다짐하면서, 참으로 어지럽고 혼탁한 창업시장에서 아직은 저의 역할이 있음을 생각합니다. 아니, 저를 통해서 이루고자 하는 그 분의 뜻을 더 많이 알기를 원하며, 저에게 주신 재능을 통해 더 많은 분들이 창업을 통해 경제적으로 자립하고, 홀로서기를 하고, 아울러 승리했으면 하는 소망이 있습니다.

1998년 이후 창업분야에서 일을 해 오면서 배운 창업이론과 실무지식 그리고 창업현장에서의 경험을 바탕으로 지금까지 16권의 책을 출판하였습니다.

01. SOHO와 인터넷비즈니스, 동영출판사, 2000년
02. 한 권으로 끝내는 창업길라잡이, 창업학, 법문사, 2006년
03. 예비창업자가 꼭 알아야 하는 100가지, 법문사, 2009년
04. 창업길라잡이, 집현재, 2011년
05. 이베이(eBay)에서 창업하기, 책마을, 2011년
06. 500만원으로 창업하기, 집현재, 2011년
07. 카페(cafe)로 창업하기, 집현재, 2012년
08. 일본 소호(보따리)무역으로 창업하기, 집현재, 2012년
09. 무점포 무일푼으로 인터넷창업하기, 집현재, 2013년
10. 무점포 · 1인 창업하기, 집현재, 2014년
11. 하루 만에 인터넷 쇼핑몰 창업하기, 집현재, 2014년

12. 창업입문, 집현재, 2015년

13. 홍보와 광고전략, 집현재, 2015년

14. 포토샵과 HTML의 활용, 집현재, 2016년

15. SNS마케팅, 집현재, 2017년

16. 핵심 창업정보 및 창업실무, 집현재, 2017년

이러한 저서들을 집필함에 있어 선후배들의 자료를 참고로 정리하였고, 제가 쓴 글이나 설문조사한 자료들을 추가하면서 저 나름대로의 생각들을 담으려고 노력도 하였습니다. 하지만, 실제 창업을 한 경험이 없고 실무경력이 별로 없다보니 보시기에 많이 미흡하고 때로는 다른 분들의 업석을 기로챈 느낌마저 갖게 되어 송구스럽게 생각합니다. 혹시라도 본문 중에 참고문헌을 누락하였다면 고의가 아니었음을 말씀드리면서 용서를 구하고자 합니다.

이번에 집필하는 이 책 역시 누군가에게는 삶의 희망을 주고, 또 누군가에게는 빵이 되어 배고픔을 해결해 주었으면 좋겠습니다. 힘들어서 쓰러지고 싶고 때로는 삶을 포기하고 싶은 작은자들에게 어둠 속의 빛과 소금의 역할을 수행할 수 있었으면 더 이상 바랄 것이 없을 것 같습니다.

책의 서문에 무엇을 담을까 생각하다가 1998년 이후 창업분야

에 몸을 담으면서 있었던 일들을 조금 정리해 보았습니다. 여기에 다 담지 못한 이야기들도 있고, 감사의 표시를 제대로 하지 못한 분들도 있습니다. 저를 낳아주시고 미국 유학 경비를 보내주시느라고 고생을 너무 하신 부모님, 그리고 세상에서 저와 소중한 인연을 맺은 가족들에게도 고마움을 전합니다.

그리고 2004년에 사랑나눔회를 시작하면서 나눔과 선교의 사업에 함께 하는 모든 분들에게도 진심으로 고마움을 전하면서, 사랑나눔회가 대를 이어 계속되기를 소망합니다. 사실, 사랑나눔회의 도메인 중에서 MIS는 management information system의 약어로서 당초 제가 근무하는 경영정보학과의 홈페이지로 사용할 계획이었으나, 2004년에 부산창업박람회를 참관하고 오늘 길에서 "mis(mission in sharing and humanity services) for glory of the God"가 갑자기 생각났는데 그것은 그 분의 인도하심이라고 생각합니다. 지금 생각해 보면, 약 20년 동안 창업분야에서 일을 하게 된 것도, 그리고 이 책을 쓰게 된 것도 모두 사랑나눔회를 통해 나눔과 선교사업에 일을 하신 그 분의 뜻이 있었다고 생각합니다.

그리고 살아오면서 때로는 저로 인해 고통을 받았거나 분노한 분들도 많이 있을 것인데, 지면을 빌어 죄송한 말씀과 용서를 구하고자 합니다. 철없던 시절의 잘못된 생각으로 많은 분들에게

심적, 육체적 고통을 주었음을 고백하며, 앞으로는 더 많은 분들에게 희망, 꿈, 소망 그리고 행복을 드릴 수 있도록 남은 삶을 바치고자 합니다.

끝으로, 본 저서의 내용과 관련하여 몇 가지를 말씀드리고자 하며, 크게 성공하지는 못하더라도 적어도 실패하지 않는 창업에 많은 도움이 되시기를 원합니다.

1. 본 저서는 2012년에 출판했던 "일본 소호(보따리)무역으로 창업하기"를 수정 · 보완하였는데, 소호(보따리) 무역상인들이 관심을 가져야 하는 일본의 도 · 소매상들을 추가하였으며, 그 외에도 최신의 정보를 반영시키기 위해서 저서의 여러 부분에서 수정 · 보완하였음을 말씀드리고자 합니다. 또한, 2012년에 출판했던 저서의 내용을 일본 현지 사정에 맞추어서 전체적으로 다시 확인하고 점검하였다는 점에서 일본 소호(보따리)무역 창업을 희망하는 많은 분들에게 많은 도움이 될 것입니다.
2. 저서의 내용에 관해서 질문이 있거나 창업에 대한 도움이 필요하시면 뉴비즈니스 연구소(cafe.daum.net/isoho2jobs)의 [창업상담♡질문 및 답변] 게시판을 활용해 주십시오. 적극적으로 도움을 드릴 것입니다.

3. 비즈니스연구소(cafe.daum.net/isoho2jobs)의 [창업동영상(UCC)강좌] 게시판에 등 록되어 있는 다양한 동영상(UCC)을 함께 공부하시면, 분명 성공적인 창업에 많은 도움이 될 것입니다.

2018년 10월에

저자 드림

일 · 본 · 소 · 호 · 무 · 역 · 창 · 업 · 의 · 길 · 라 · 잡 · 이

# 차 례

Small Office Home Office

# 1

# 일본 소호무역이란 무엇일까?

## 1.1 소호무역이란?

보따리무역은 소호무역과 유사한 용어 혹은 동일한 용어로 생각할 수도 있는데, 먼저 두 용어에 대해 조금 명확하게 이해하는 것이 필요하다. 먼저, 소호(SOHO)는 Small Office Home Office의 머리글자를 딴 약자로서 사전적인 의미는 작은 규모의 개인사업자를 말하며(네이버 백과사전, 100.naver.com), 소호무역이라는 것은 개인이나 기업이 정식 통관을 통해 상품을 수입하여 판매하는 방식을 말한다.

이에 반하여 보따리무역은 소호무역에 비해 작은 의미를 가지고 있으며, 구체적인 아이템이 빠진 운송적인 느낌을 주는 무역이다. 일반적으로 핸드캐리(hand-carry) 방식을 이용하는 면세통관이나 간이통관적인 의미가 많다고 할 수 있다. 예를 들면, 경비절약을 위한 식품이나 화장품 등의 운송에 따른 이윤을 얻는 것으로, 자기가 취급하는 상품과는 관련이 없는 경우도 많다.

한편, 소호무역은 아이템 선정부터 시작하여 정식통관을 활용한 수입을 통하여 유통시키고 판매하는 방식이다. 소호무역상이 많이 늘어나게 된 이유는 IMF를 거치면서 오퍼상들과 수출입 업체들이 담당하던 무역업이 허가제에서 신고제로 바뀌면서 창업자들도 종사가 쉬워져 활성화가 되었기 때문이다.

요약하면, 일반적으로는 보따리무역과 소호무역은 동일하게 사용되는 경우가 많은 것도 사실이다. 이에 따라 창업을 준비하는 사람들은 보따리무역을 소호무역의 관점에서 생각하면서 창업 준비를 하는 것이 필요할 것이다.

## 1.2 소호무역의 특징과 장점

소호무역은 규모가 작다는 것이며, 일반무역의 과정과 절차는 큰 차이가 없다. 사실 대부분의 소호무역은 병행수입의 형태이다. 가장 큰 장점은 원하는 일본 현지 상품을 국내의 도매상 등 중간 유통단계를 거치지 않고 좋은 가격에 가장 빨리 수입해서 소비자에게 판매한다는 것이다.

소호무역은 일반적으로 시작단계부터 많은 자본이 필요하지 않으며, 수입할 아이템만 잘 선택한다면 경기에 별로 영향을 받지 않고, 유행이나 제품 수급의 신속한 대처에 유리하기 때문에 대규모 무역상이 되기 전의 디딤돌로서 좋은 방식이라고 할 수 있다. 정식 무역은 진행절차가 수출계약, 신용장 개설, 승인, 구매계약, 선적, 통관, 세금 및 관세회수 등 여러 가지로 복잡하고 전문적인 절차가 필요하다.

하지만, 소호무역은 수입국에서 구입한 상품을 운송하여 한국에 입국한 후에 공식 양식인 인보이스(Invoice)를 통해 수입신고를 한 후에 세금과 관세를 지불하고 상품을 인도받으면 되는 방식이다. 수입신고 시에도 필요한 운송장(waybill) 등을 관세사와 세관에 제출하면 관세사가 수입 업무를 대행 처리해준다.

일·본·소·호·무·역

## 1.3 소호무역에서 오사카지역이 중요한 이유

"왜 하필이면 일본 그 중에서도 오사카지역으로 많은 소호무역 상인들이 가는 것일까?"라는 생각을 가지는 사람들이 많을 것이다. 경기의 장기침체로 예전만 못하지만 여전히 일본은 GDP 3위의 경제대국이며, 1억 3천만명 이상의 내수시장이 존재하고 있으며, 각종 산업분야에서 기술과 노하우를 가지고 고품질의 상품을 생산하고 있다. 또한 지리적으로 가깝고 한국 사람들에게 적합하고, 선호하는 상품들이 풍부해 국내 시장의 유행 제품에 빠르게 대처한 소호 수입상들이 성공한 사례들도 많은 실정이다.

또한 한국에서 국내 제품을 도매로 조달받으려면 규모가 큰 업체에 비해서 특별한 경우를 제외하고는 가격 면에서 메리트를 찾기가 어렵다. 아직까지는 상품의 제조에서 소비자까지의 몇 단계의 유통망이 있기 때문이다. 하지만 일본시장은 아이템이 아직까지는 무궁무진하고 몇 가지의 서류만 정확하게 준비하면 라이센스 카드(License or ID Card)를 발급받아서 도매상에서 저렴한 가격에 구매할 수 있고 운송적인 면도 편리하기 때문이다.

일본의 도쿄, 오사카, 후쿠오카 등에서 소호무역 활동을 펼치고 있지만 그 중에서 관련 무역상의 대다수가 오사카를 오가며 무역업을 하고 있는데, 여기에는 여러 요인들이 있기 때문이다. 먼저 제1의 도시인 도쿄는 도매상과 소매상, 아울렛 등 상가 기반이 폭넓게 발달되어 있지만, 선박을 통한 직수입이 힘들고 지역이 방대하여 시장조사 및 물품 구입에서 상가 동선의 단절과 운송비용의 증가 등으로 소호무역 상인들의 접근이 힘든 곳이다.

후쿠오카 시장은 동경, 오사카 지역에 비해 가장 가까운 지역이라 물품운송비도 저렴하게 들지만, 상권이 좁고 상품의 품목과 수량적인 면에서 상당히 불리한 면이 있다. 그래서 보통 특정 공산품이나 식품을 수입하는 무역상들이 이용하는 시장인데, 부산에서 가까운 국내지역이나 후쿠오카에서도 충분히 구입이 가능한 제품을 취급하는 무역상인들에게 상대적으로 유리한 시장이라고 할 수 있다 (일본창업연구소, cafe.naver.com/limdk325).

한편, 오사카 시장으로 소호무역상들의 대다수가 상품을 수출입하거나 시장조사를 많이 가는 이유는 다음과 같은 몇 가지로 설명할 수 있다.

일본 내에서 물가가 비교적 싼데다 쯔루하시와 같은 한인상가가 잘 발달해 있고 한인 숙소, 운송, 식당 등 활용할 수 있는 기반이 잘 형성되어 있어 한국인들이 보따리무역 활동을 편리하게 할 수 있는 곳이다.

그리고 일본 제2의 도시이자 상업기반으로 발달한 도시답게 소호무역상들의 주요 거래처인 전문 도·소매상, 백화점, 아울렛 등이 잘 발달되어 있는데, 각 전문매장에는 아이디어용품, 소품, 캐릭터, 명품, 스포츠용품 등 다양한 종류와 풍부한 물량을 취급하고 있다. 특히 몇몇 도매상과 전문매장에는 한국어가 가능한 직원들이 상주하고 있어 한국무역상인들의 편의를 도와주고 있어 관련 무역상들의 발길이 잦다.

또한 제품의 구입과 시장조사를 위한 상점가와 도매상의 동선이 짧고 시간과 물품운송 경비가 절약되고 교통이 편리해서 오사카에서 고베 아울렛 매장까지 빠른 시간에 둘러볼 수 있는 데다 선박을 이용한 운송비용의 절감효과가 무엇보다 장점이다.

보통 소호&보따리무역상들은 부산과 오사카를 오가는 선박인 팬스타(www.panstar.co.kr)를 통해 수입하고 통관하고 있는데, 팬스타(PanStar)는 컨테이너를 처리할 수 있는 화물을 겸한 대형여객선이다.

이와 같이 오사카 시장이 여러 가지 장점을 가지고 있기 때문에 무역상들의 선호도가 높은 것이다. 물론 일본에 있는 여러 지역의 시장도 목적에 따라 선택할 수 있지만, 우선 소호무역의 첫 걸음은 오사카가 가장 적합하다고 할 수 있다.

## 1.4 소호무역의 수입절차

소호수입은 일반적으로 수입국에서 물품을 구매한 후에 국내로 운송하여 세관 보세창고에 유치한 후에 관세사를 통해서 통관대행을 의뢰하고 관세를 납부한 후에 물품을 받아서 판매하는 방식이다. 수입 절차를 개략적으로 설명하면 아래와 같다.

① 수입할 상품의 선정

② 상품의 구매

③ 운송

④ 세관신고 및 유치

⑤ 수입승인 및 관세납부

⑥ 통관

⑦ 상품판매(on-line 및 off-line)

위의 절차대로 통관을 할 경우에는 상업송장이 필요하다. 상업송장은 일반적으로 인보이스(invoice)라고 하는데, 인보이스와 함께 부가적으로 패킹리스트(포장명세서, Packing List)도 필요하다. 보통 물품이 많지 않을 때 통상적으로 인보이스와 패킹리스트의 두 가지 서류를 같이 기재하는 경우도 많다.

인보이스에는 수입자, 수출자, 운송편, 날짜, 제품의 가격, 종류 등을 표기하고, 패킹리스트에는 수입하는 상품, 원산지, 무게 등을 표기한다. 작성한 인보이스와 패킹리스트를 세관과 관세사에게 제출하면 되는데, 자세한 작성방법은 1장의 맨 뒤에 있는 샘플을 참고하면 된다. 다만, 수출입 통관절차는 세관의 정책에 따라 수시로 변하기 때문에 세관의 공고사항과 관세사를 통해 정보를 수집하여 통관절차의 변화에 대처해야 한다.

## 1. 수입할 상품의 선정

아이템 선정 시에 사전에 정해 놓은 것이 없다면 아이템의 범주를 대분류부터 중분류, 소분류로 좁혀나가는 것이 좋다. 예를 들면 의류 → 아동복 → 영·유아복 → 캐릭터유아복의 방식으로 좁혀나가다 보면 하나의 제품으로 선별된 아이템이 나오게 된다.

이제부터 국내의 동종 쇼핑몰, 오픈마켓, 해외사이트 등에서 시장조사를 하게 된다. 충분하게 인터넷이라든지 잡지, 해외사이트(라쿠텐, 야후쇼핑 등)에서 시장조사가 되어야지 나중에 직접적인 수입국의 시장조사를 행할 때 시간적으로 절약이 되고 발품도 적게 팔 수 있다. 일본의 웹사이트에서 시장조사를 할 때 일본어를 못한다고 압박감을 가질 필요는 없다. 요즘은 한글로 인코딩이 되며 번역기가 잘 되어 있기 때문에 조사를 편하게 할 수 있다. 그리고 중요한 점은 고려하고 있는 아이템이 경쟁력과 시장성이 충분한지, 장기적으로 판매가 가능하고 유행에 민감하지 않은지, 제품수요는 충분한지를 꼼꼼하게 따져야 한다.

아울러, 필요하다면 수입국으로 가서 직접적인 시장조사와 샘플구매를 하여 품질과 통관 시에 문제점은 없는지를 조사하는 것이 필요하다. 그리고 관세사와 물류회사는 미리 알아보고 수입을 하는 것이 좋은데, 수입 시에 혹시 생길 수 있는 문제를 미리 체크하는 것이 가능하기 때문이다.

## 2. 상품의 구매

선정된 아이템에 따라 수입국에서 상품을 구할 수 있는 도매상, 아울렛, 전문상가 등에서 상품을 구매한다. 유의해야 할 점은 일본세관이나 한국세관에서 구매한 영수증을 첨부해야 하므로 꼭 챙겨 놓아야 하는데, 국내에서도 영수증이 세금과 수입증빙

자료로 사용된다.

일본온라인에서 구매한 제품들은 최근 발달한 일본직구나 구매대행을 통해 해외배송을 받는 경우 수수료나 운송비용이 비싸 부피나 무게가 큰 제품들은 현지 배송대행지를 이용해서 물품을 수령 받아서 처리해야 한다.

## 3. 운 송

일본에서 구매한 제품을 박스에 패킹(packing)을 하여 수입국에서 자국으로 운송하는 일이다. 소호무역상의 경우 물류비용이 저렴한 선박을 주로 이용하는데, 제품을 부두까지 운송한 후에 선박에 선적하면 된다. 일본에서 국내로는 30만엔까지의 금액까지 수화물 통관이 가능하고, 수입물량이 대량이면 전문 운송업체를 이용하여야 한다.

## 4. 세관신고 및 유치

일본에서 국내로 입국시 여행자 물품신고서, 인보이스(invoice), 패킹리스트(packing list), 사업자등록증, 화물유치증 등 통관서류를 준비해서 입국시에 관세사와 세관에 제출한다. 구매한 영수증은 수입증빙자료가 되기 때문에 잘 보관해야 한다.

또한 정식 수화물 통관이 아니라 간이통관의 경우에, 6백달러의 면세범위가 넘었을 경우에는 세관원에게 초과한 금액의 영수증을 보여주고, 간이통관을 신청하면 일정비율의 세금을 내고 간단하게 통관하는 방법이다.

한편, 선박이나 항공은 공항이나 부두 세관의 규정에 따라 원하는 서류와 절차가 좀 상이할 수 있다.

### (1) 면세범위

일본에서 국내로 입국시 면세범위는 앞에서 언급했듯이 6백달러(술 1병, 담배 1보루, 향수 2온스 제외) 이내지만, 선물용이나 자가소비에 한하며 화장품, 의약외품, 식품 등 검역품의 수량은 품목별 3~5개 이내로 제한된다.

### (2) 국내에서 일본으로 입국시의 기준

**휴대물품의 면세통관기준사항**

(일화 20만엔 이하 : 술 · 담배 · 양주 제외)

[물품 종류]

- 위스키 : 750ml 이내의 3병까지 면세
- 일반담배 : 2보루(권련 400개피)까지 면세
- 향수 : 2온스 (1온스는 약 28ml)

• 라면종류 : 3박스
• 김 : 도시락 조미김 합쳐서 3박스 (1,000매)
• 소주 : 7병
• 인스턴트식품 : 라면박스로 1박스
• 기타 야채 및 채소 조금

단, 모든 물품은 선물이나 자가소비에 한하여 통관이 인정된다. 술과 담배는 19세 미만자가 반입할 경우에는 과세한다.
※ 일본세관의 규정에 따라 위에 언급한 식품 등의 반입량이 달라질 수 있습니다.

### (3) EMS 보내는 방법

물품금액과 운임, 보험료의 합계가 15만원 이하일 때 면세가 되는데, 발송하고자 하는 물품을 우체국에서 주는 EMS 용지에다 일본어나 영어로 수신처와 발신처를 기재하고 무게를 재고 운임을 지불하면 된다. 수신처가 한국일 경우에는 한국어로 기재가 가능하다. 발송이 가능한 수단은 선박과 항공편이 있는데, 항공편은 보통 3~4일 정도 그리고 선박은 15~20일 정도에 받을 수 있다.

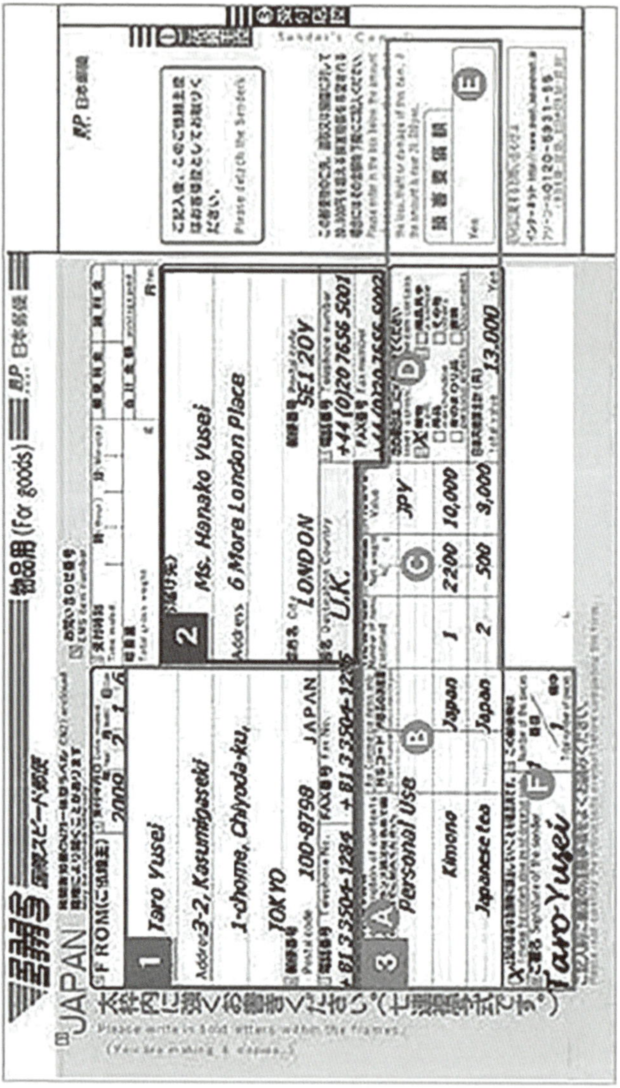

EMS 용지의 작성방법

### (4) 면세대상 및 과세대상

#### 면세대상

- 과세가격 물품과 운송료, 보험료를 포함해서 15만원 이하의 물품으로서 자가사용으로 인정되는 물품
- 과세가격 미화 250달러 이하의 물품으로서 샘플로 인정되는 물품
- 각종 행사에 참가하는 자가 행사장 안에서 관람자에게 무상으로 제공할 목적으로 수입하는 물품 중 관람자 1인당 미화 5달러 상당액 이하의 것으로 세관장이 타당하다고 인정하는 물품
- 관세의 감면을 받을 수 있는 물품
  관세가 무세인 물품(도서, 지류)

단, 소액면세를 받기 위해 소액면세 범위로 여러 건을 수입하는 경우 등에 해당하는 경우에는 과세대상이 된다.

#### 과세대상(휴대물품의 면세통관기준사항)

- 총 과세가격 15만원 이하의 물품이라 하더라도 자가사용으로 인정되지 않는 물품
- 국내거주자가 수취하는 물품으로서 과세가격 15만원을 초과하는 물품
- 견본품으로서 과세가격 미화 250달러를 초과하는 물품

## (5) 일본에서 한국으로 발송시 항공과 배편 EMS요금표

<table>
<tr><th>중량</th><th>항공편</th><th>배편</th></tr>
<tr><td>0.5kg</td><td>1,700엔</td><td rowspan="2">1,500엔</td></tr>
<tr><td>1.0kg</td><td>2,050엔</td></tr>
<tr><td>1.5kg</td><td>2,400엔</td><td rowspan="2">1,750엔</td></tr>
<tr><td>2.0kg</td><td>2,750엔</td></tr>
<tr><td>2.5kg</td><td>3,100엔</td><td rowspan="2">2,000엔</td></tr>
<tr><td>3.0kg</td><td>3,450엔</td></tr>
<tr><td>3.5kg</td><td>3,800엔</td><td rowspan="2">2.,250엔</td></tr>
<tr><td>4.0kg</td><td>4,150엔</td></tr>
<tr><td>4.5kg</td><td>4,500엔</td><td rowspan="2">2,500엔</td></tr>
<tr><td>5.0kg</td><td>4,850엔</td></tr>
<tr><td>5.5kg</td><td>5,150엔</td><td rowspan="2">2,750엔</td></tr>
<tr><td>6.0kg</td><td>5,450엔</td></tr>
<tr><td>6.5kg</td><td>5,750엔</td><td rowspan="2">3,000엔</td></tr>
<tr><td>7.0kg</td><td>6,050엔</td></tr>
<tr><td>7.5kg</td><td>6,350엔</td><td rowspan="2">3,250엔</td></tr>
<tr><td>8.0kg</td><td>6,650엔</td></tr>
<tr><td>8.5kg</td><td>6,950엔</td><td rowspan="2">3,500엔</td></tr>
<tr><td>9.0kg</td><td>7,250엔</td></tr>
<tr><td>9.5kg</td><td>7,550엔</td><td rowspan="2">3,750엔</td></tr>
<tr><td>10.0kg</td><td>7,850엔</td></tr>
<tr><td>11.0kg</td><td>8,250엔</td><td>3,950엔</td></tr>
<tr><td>12.0kg</td><td>8,650엔</td><td>4,150엔</td></tr>
<tr><td>13.0kg</td><td>9,050엔</td><td>4,350엔</td></tr>
<tr><td>14.0kg</td><td>9,450엔</td><td>4,550엔</td></tr>
<tr><td>15.0kg</td><td>9,850엔</td><td>4,750엔</td></tr>
<tr><td>16.0kg</td><td>10,250엔</td><td>4,950엔</td></tr>
<tr><td>17.0kg</td><td>10,650엔</td><td>5,150엔</td></tr>
<tr><td>18.0kg</td><td>11,050엔</td><td>5,350엔</td></tr>
<tr><td>19.0kg</td><td>11,450엔</td><td>5,550엔</td></tr>
</table>

## (6) 인보이스를 작성하는 방법

COMMERCIAL INVOICE

Invoice No.12-111

| 1. Seller<br>수출자의 회사명과 주소 | 2. Vessel/airfreight<br>선박 또는 항공편 |
|---|---|
| 3. Consignee :<br>수입위탁받은자 (캐리어)의 주소 | 4. Buyer :<br>실제 수입업자(화주)의 주소 |
| 5. From<br>출항지 | 6. To<br>도착항 |
| 7. Departure date<br>선박이나 항공 출항일자 | 8. Remarks<br>기타사항 |

| Kind Of Package | Item | Quantity | Weight | Certificate of Origin | Unit price | Amount |
|---|---|---|---|---|---|---|
| 포장단위 | 상품명 | 수량 | 무게 | 원산지 | 단가 | 총액 |
| UNBOX-1 | SOAP | 20 | | JAPAN | ￥80 | ￥1,600 |
| UNBOX-2 | STOCKING | 100 | | JAPAN | ￥500 | ￥50,000 |
| | | | Total Amount | | | ￥51,600 |

## 5. 수입승인 및 관세납부

제품을 수입하면 절차상 휴대물품과 같이 현장에서 바로 받을 수 있는 것이 아니라 먼저 보세창고에 유치가 된 후에 관세사를 통해 승인을 받으면 관세, 부가가치세, 물품유치비용(보세창고 비용)을 납부해야 제품을 받을 수 있다.

## 6. 통 관

관세사를 통해 수입한 상품을 보세창고에서 건네받고 납부한 세금에 따라 수입면장, 수입세금계산서와 관세사수수료, 세금계산서를 받는다. 수입면장은 정식으로 수입되었음을 증명하는 서류이고, 세금계산서는 부가가치세의 신고 때에 매입 자료로 이용된다. 한편, 통관 시에 소요되는 비용은 다음과 같다.

① **관세** : 수입영역을 통과하는 화물에 대하여 부과되는 조세를 말하는 것으로, 보통 제품 종류에 따라 8~13% 정도 부과되는데, 보통 여러 품목을 취급하는 소호무역에서는 가장 폭넓은 품목인 의류나 잡화가 주로 13%로 일괄적으로 부과되는 경우가 많다(예 : 골프채, 낚시용품, 건프라 완성품,

피규어 등 단품 수입시 관세는 8%이며, 기타 품목별 HS코드로 관세는 분류되어 있다).

② **부가가치세** : 상품가액 및 모든 부대비용의 10%가 부과된다.

③ **물품유치비용** : 화물이 국내에 들어오면서부터 통관이 완료될 때까지의 보세창고에 보관될 때의 비용이다.

④ **관세사비** : 수입통관을 대행해주는 관세사의 수수료이다. 보통 수화물 통관시에는 4~5 만원 정도이다.

## 7. 상품판매(on-line 및 off-line)

통관까지 끝난 제품은 국내에서 판매 및 유통을 하게 되는데, 온라인(on-line, 인터넷판매)과 오프라인(off-line, 점포판매)으로 세분하여 판매해야 한다. 사실 일본 소호(보따리)무역 창업의 전체 과정에서 가장 중요한 것은 바로 상품판매라고 할 수 있는데, 온라인(on-line)과 오프라인(off-line)에서 어떻게 판매할 것인가에 대해 구체적으로 계획을 수립하고 또한 실행해야 한다.

이러한 과정에서 온라인(on-line)과 오프라인(off-line)에서의 시장조사를 통해 경쟁자들의 상품판매 방식에 대한 구체적인 조사와 분석이 선행되어야 할 것이다.

# 수 입 신 고 필 증

UNI-PASS ( 갑 지 )

(USD)1,184.0800 ※처리기간 : 3일

| ①신고번호 | ②신고일 | ③세관.과 | ⑥입항일 | ⑦전자인보이스제출번호 |
|---|---|---|---|---|
| [illegible] | 2010/09/14 | 030-11 | 2010/09/14 | |

| ④B/L(AWB)번호 | ⑤화물관리번호 | ⑧반입일 | ⑨징수형태 |
|---|---|---|---|
| | 10030091402-0025 | 2010/09/14 | 11 |

⑩신고인 [illegible]
⑪수입자 [illegible] ([illegible])
⑫납세의무자 ( [illegible] / [illegible] )
(주소) [illegible]
(상호) [illegible]
(성명) [illegible]
⑬운송주선인
⑭해외거래처 [illegible] (JP) / ZZZZZZZZ9999A

| | | | |
|---|---|---|---|
| ⑮통관계획 H 여행자반입휴대물품 | ⑲원산지증명서 유무 N | ㉑총중량 35KG | |
| ⑯신고구분 B 일반서류신고 | ⑳가격신고서 유무 N | ㉒총포장갯수 2GT | |
| ⑰거래구분 96 휴대품수입 | ㉓국내도착항 KRPUS 부산항 | | ㉔운송형태 10-BU |
| ⑱종류 K 일반수입(내수용) | ㉕적출국 JP JAPAN | | |
| | ㉖선기명 PD JP | | |
| ㉗MASTER B/L 번호 | | ㉘운수기관부호 | |

㉙검사(반입)장소 03002151-10 (부산세관구내장치장 )

●품명 · 규격 ( 란번호/총란수 : 001/001)

㉚품 명 [illegible]
㉛거래품명 [illegible]
㉜상 표 NO

| ㉝모델 · 규격 | ㉞성분 | ㉟수량 | ㊱단가 | ㊲금액 |
|---|---|---|---|---|
| | 을지참조 | | | |

| | | | | | |
|---|---|---|---|---|---|
| ㊳세번부호 | 6109.10-1000 | ㊵순중량 | 35 KG | ㊸C/S 검사 | W CS비적용검사 |
| ㊴과세가격(CIF) | $ [illegible] | ㊶수 량 | 471U | ㊹검사변경 | ㊺사후기관 |
| | ₩ [illegible] | ㊷환급물량 | 471U | ㊻원산지 | CN-A-G-C ㊼특수세액 |

㊽수입요건확인 (발급서류명)

| ㊾세종 | ㊿세율(구분) | 51 감면율 | 52 세액 | 53 감면분납부호 | 감면액 | * 내국세종부호 |
|---|---|---|---|---|---|---|
| 관 | 13.00(A 기가) | | [illegible] | | | |
| 부 | 10.00(A ) | | [illegible] | | | |

| | | | | | |
|---|---|---|---|---|---|
| 54 결제금액 (인도조건-통화종류-금액-결제방법) | FOB - JPY - 113,275 - CD | | | 56 환 율 | 14.0993 |
| 55 총과세가격 $ [illegible] | 57 운 임 [illegible] | 59 가산금액 | | 64 납부번호 | 0127-030-11-10-1-085586-7 |
| ₩ [illegible] | 58 보험료 | 60 공제금액 | | 65 부가가치세과표 | [illegible] |

| 61 세종 | 62 세 액 |
|---|---|
| 관 세 | [illegible] |
| 개별소비세 | |
| 교 통 세 | |
| 주 세 | |
| 교 육 세 | |
| 농 특 세 | |
| 부 가 세 | [illegible] |
| 신고지연가산세 | |
| 미신고가산세 | |
| 63 총세액합계 | [illegible] |

신고인기재란

부산경남본부세관 관할

66 세관기재란

수입신고수리 부산세관장

67 담당자 [illegible] 68 접수일시 [illegible] 69 수리일자

업태=소매 종목 = 전자상거래 세관 · 과: 030-11 신고번호: [illegible] Page: 1/ 2

* 수입신고필증의 진위 여부는 관세청 통관포탈시스템(http://portal.customs.go.kr) 또는 수출입통관정보시스템(http://kcis.ktnet.co.kr)에 조회하여 확인하시기 바랍니다.
* 본 수입신고필증은 세관에서 형식적인 요건만을 심사한 것이므로 신고내용이 사실과 다른 때에는 신고인 또는 수입화주가 책임을 져야 합니다.

본 신고필증은 세관공무원 인장이 날인되어 있는 경우에만 유효합니다.

UNI-PASS

# 수 입 신 고 필 증

( 을 지 )

※처리기간 : 3일

| ①신고번호 | ②신고일 | ③ 세관.과 | ⑥ 입항일 | ⑦전자인보이스제출번호 |
|---|---|---|---|---|
| [illegible] | 2010/09/14 | 030-11 | 2010/09/14 | |

| ④B/L(AWB)번호 | ⑤화물관리번호 | ⑧ 반입일 | ⑨ 징수형태 |
|---|---|---|---|
| | [illegible] | 2010/09/14 | 11 |

●품명 · 규격 ( 란번호/총란수 : 001/001 )

⑩품 명 T-SHIRT & ETC ⑫상 표 NO

⑪거래품명 T-SHIRTS

| ㉝모델 · 규격(19) | ㉞성분 | ㉟수량 | ㊱단가 (JPY) | ㊲금액 (JPY) |
|---|---|---|---|---|
| (NO. 01) BEAUTY SHAPE(JP) | | 9PC | 250 | 2,250 |
| (NO. 02) CAT POUCH(CN) | | 5PC | 110 | 550 |
| (NO. 03) CAT COINBAG(CN) | | 34PC | 45 | 1,530 |
| (NO. 04) CELL ROLLER(CN) | | 2PC | 210 | 420 |
| (NO. 05) SOAP(JP) | | 10PC | 45 | 450 |
| (NO. 06) T-SHIRT(CN) | | 10PC | 210 | 2,100 |
| (NO. 07) WOMEN'S UNDERWEAR(CN) | | 24PC | 415 | 9,960 |
| (NO. 08) NUDE BRA(CN) | | 4PC | 220 | 880 |
| (NO. 09) WOMEN'S PANTIES(CN) | | 20PC | 170 | 3,400 |
| (NO. 10) WOMEN'S PANTIES(JP) | | 3PC | 190 | 570 |
| (NO. 11) WOMEN'S UNDERWEAR(CN) | | 34PC | 330 | 11,220 |
| (NO. 12) PRESS STOCKING(JP) | | 15PC | 260 | 3,900 |
| (NO. 13) WOMEN'S UNDERWEAR(CN) | | 23PC | 395 | 9,085 |
| (NO. 14) WOMEN'S UNDERWEAR(CN) | | 7PC | 435 | 3,045 |
| (NO. 15) WOMEN'S PANTIES(CN) | | 4PC | 130 | 520 |
| (NO. 16) DAKS HANDTOWEL(JP) | | 153PC | 305 | 46,665 |
| (NO. 17) RENOMA HANDTOWEL(JP) | | 24PC | 165 | 3,960 |
| (NO. 18) MCM HANDTOWEL(JP) | | 58PC | 165 | 9,570 |
| (NO. 19) BENETTON HANDTOWEL(CN) | | 32PC | 100 | 3,200 |

합의세율

= 이 하 여 백 =

업태=소매 종목 = 전자상거래 세관 · 과: 030-11 신고번호: [illegible] Page: 2/ 2

* 수입신고필증의 진위 여부는 관세청 통관포탈시스템(http://portal.customs.go.kr) 또는 수출입통관정보시스템(http://kcis.ktnet.co.kr)에 조회하여 확인하시기 바랍니다.
* 본 수입신고필증은 세관에서 형식적인 요건만을 심사한 것이므로 신고내용이 사실과 다른 때에는 신고인 또는 수입화주가 책임을 져야 합니다.

**본 신고필증은 세관공무원 인장이 날인되어 있는 경우에만 유효합니다.**

Small Office Home Office

# 2

# 일본 도 · 소매 상가정보

## 2.1 오사카의 도매상

국내에서 인터넷쇼핑몰이나 오프라인 매장에서 소품이나 의류 등을 전문으로 판매하는 상인들이 가장 많이 찾는 쇼핑경로는 어디일까? 바로 혼마치역과 사카이스지 혼마치역을 잇는 동선에 위치하고 있는 도매상들이다.

오사카 도매상은 일본 내의 소매상보다 30~40% 할인된 가격에 제품을 공급받을 수 있기 때문에 중소무역 상인들에게 가장 중요한 제품공급처라고 할 수 있다. 일본의 다른 도시들에 비해 오사카의 도매상들이 가까운 위치에 밀집되어 있고 동선이 짧아서, 빠른 시간 내에 원하는 제품들을 구매할 수 있다는 최대의 장점이 있다.

또한 대형 도매상 말고도 주위를 잘 살펴보면 소매상과 도매상의 중간가격으로 받을 수 있는 작은 도매상들도 많이 분포하고 있다. 엄밀히 따지면 소매상이지만 도매상가에서 구비하고 있지 않는 상품이나 오래된 제품을 재고처분으로 아주 저렴한 가격에 판매하고 있는 곳들도 둘러보면 많이 볼 수 있다.

상인들이 많이 찾고 가격이 싼 도매상가를 이용하기 위해 가장 중요한 것은 출입증을 발급받는 일이다. 일본은 도매상, 소매상, 소비자의 구분이 정확하게 지켜지는 유통구조를 가지고 있다. 그래서 일본의 도매상점들은 정확하게 조건을 갖추지 않으면 출입을 하지 못하게 하는데, 출입에 필요한 조건은 사업자등록증, 매장사진, 명함 등의 서류를 제출하면 된다. 세부적인 조건과 각 도매상점마다 필요한 서류, 양식, 주의할 점 등은 각각의 도매상들 부분에서 다시 설명을 하고자 한다.

소호무역을 시작한다고 할 때 핵심 도매상권의 폭넓고 정확한 시장조사가 아이템선정에 큰 도움이 될 것이라고 판단된다. 이에 따라 먼저 오사카의 주요 도매상들을 소개하면 아래와 같다. 참고로 일본의 도매상들은 면세가 되지 않는다.

**주의사항**

① 도매상 제품은 워낙 취급하는 종류가 많고 복잡해서 초보상인들은 제대로 활용하지 못하는 경우가 많은데, 시스템과 상품구성을 잘 이해하고 익혀야 최적으로 활용이 가능하다.

② 아래 소개하는 도매상들의 도매상 출입증 발급방법과 출입서류는 도매상의 사정에 따라 달라질 수 있으며, 또한 층별 취급상품도 주기별로 이동된다.

## 1. 판비 테라우치(Fanbi terauchi)

오사카 도매상 중 국내 소호무역 상인들에게 가장 많이 알려진 곳이며, 4개관으로 구성되어 있는 잡화 종합도매상이다. 캐릭터 상품, 생활소품, 아이어디 상품, 의류, 명품 등 다양한 종류의 상품을 취급하고 있으며, 4개의 각 호관마다 경쟁력과 품질을 갖춘 상품들의 분류가 잘 되어 있다. 사카이스지 혼마치역 7번 출구에서 바로 찾을 수 있고, 출입증이 없으면 출입이 불가능하다.

출입증 발급은 2호관 1층 접수창구에서 관련서류만 제출하면 발급에 큰 무리가 없다. 판비도매상은 구매실적에 따라 일정 폭의 추가 할인이 되기 때문에 꾸준하게 구매실적을 쌓아두면 유리하다. 또한 발급받은 출입증은 후쿠오카매장에서도 사용 가능하다.

- 주소 : 大阪市 中央区南久宝寺町1丁目 9番13号
  사카이스지 혼마치역 7번출구 부근
- 전화번호 : 06-6262-2161 FAX : 06-6266-7210
- 영업시간 : AM 9시~PM 7시
- 홈페이지 : www.fanbi.co.jp
- 휴무 : 경축일, 부정기적

[출입증 발급방법]

① 필요서류 : 사업자등록증 사본 1부, 점포사진 1장씩(내부·외부), 여권, 사업자명함 1장 (인터넷쇼핑몰의 경우 재택사무실 사진으로 점포사진을 대체하고 메인페이지를 인쇄하여 제출하면 가능하나 최근 매장이 없으면 발급이 어려울 수 있다).

② 주의사항 : 모든 사진은 인화한 사진이어야 하며, 명함, 사업자등록증, 가게 외부사진 모두의 상호가 일치되어야 한다. 첫 방문시에 사업자명함으로 임시출입증을 발급해주고 다음에 방문할 때 필요서류를 신청하면 정식출입증이 발급되며 본인 포함 3명까지 출입이 가능하다.

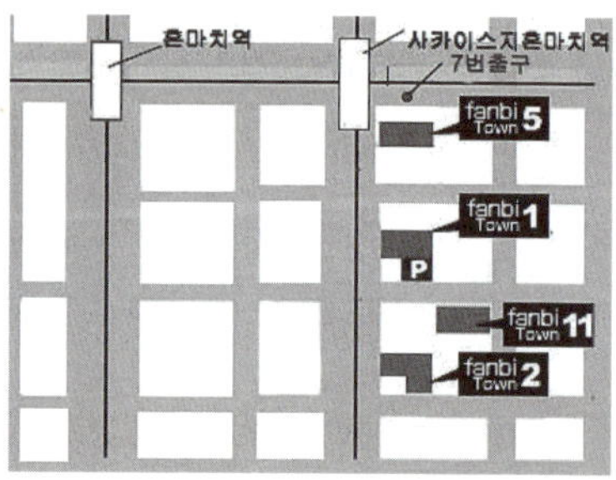


판비 테라우치

<판비타운의 취급상품 안내>

| 호관 | 층 | 취급상품 |
|---|---|---|
| 1호관 | 8F | 명품의류, 패션소품 |
| | 7F | 남녀 언더웨어, 잠옷 |
| | 6F | 귀부인복, 모피 |
| | 5F | 숙녀복 |
| | 4F | 패션잡화,스타킹,손수건 |
| | 3F | 보석, 명품잡화 |
| | 2F | 가방, 핸드백, 여행잡화 |
| | 1F | 패션악세사리 |
| | B1 | 계산대, 택배발송대 |
| 2호관 | 4F | 가구, 일본전통용품 |
| | 3F | 미용용품, |
| | 2F | 다이어트, 화장품 |
| | 1F | 계산대, 출입증 접수대 |
| 5호관 | 9F | 생활용품, 문구, 사무용품 |
| | 8F | 인테리어, 주방용품 |
| | 7F | 패션잡화, 계절용품 |
| | 6F | 캐릭터상품 |
| | 5F | 인형, 팬시용품 |
| | 4F | 실내장식, 장난감, 생활잡화 |
| | 3F | 팬시용품, 악세사리 |
| | 2F | 영캐주얼, 식품, 계산대 |
| | 1F | 문구, 포장용품 |
| 11호관 | 4F | 가구, 불단, 혼례용품 |
| | 3F | 리빙용품, 주방 · 욕실용품 |
| | 2F | 식품(선물용) |
| | 1F | 식품, 계산대 |

## 2. 푸로르토 마루미추

의류 및 잡화 전문 도매상인 마루미추는 소품, 보세의류나 언더웨어를 전문으로 하는 상인들이 많이 찾는 곳이며, 셀프 오니시와 더불어 의류구성과 가격적인 메리트가 있는 의류도매상 중의 하나이다. 각종 남녀의류, 보세의류 등이 주종이나 잡화아이템 유행트렌드를 조사하는 데 유용한 곳이다.

1개의 관으로 구성되어 있으며 본점이 오사카이고, 동경 및 후쿠오카에도 지점을 가지고 있다.

- 주소 : 大阪市 中央区久太郎町2丁目 1番5号
  사카이스지 혼마치역 10번출구 부근
- 전화번호 : 06-6262-0303 FAX : 06-6262-1741
- 영업시간 : AM 8:00~PM 5:30(월), AM 8:00~PM 5:00(화),
  AM 9:00~PM 5:00(수~토)
- 홈페이지 : www.proroute.co.jp
- 휴무 : 일요일, 공휴일

[출입증 발급방법]

① 필요서류 : 사업자등록증 사본 1부, 가게사진 1장씩(내부·외부), 여권, 명함 1장

② 주의사항 : 모든 사진은 인화한 사진이어야 하며, 명함, 사업자등록증, 가게외부 사진 모두의 상호가 일치되어야 한다. 1층 안내센터에서 첫 방문시에 사업자등록증만 있어도 임시출입증이 발급되고 다음 방문시에 서류를 제출하면 출입증을 발급 후 본인 포함 2명까지 출입이 가능하다.

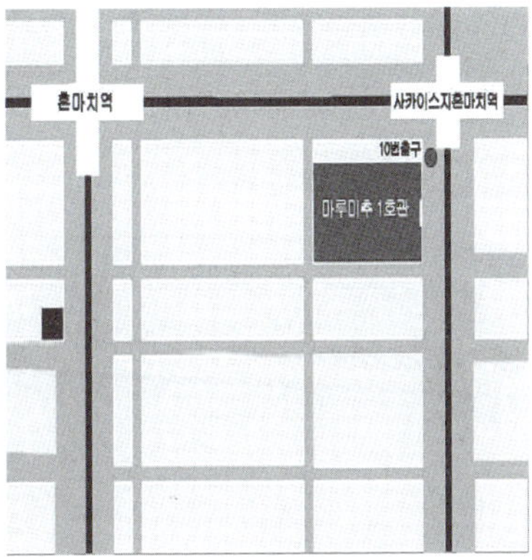


푸로르토 마루미추

<마루미추 취급상품>

| 호관 | 층 | 취급상품 |
| --- | --- | --- |
| 1호관 | 12F | 레스토랑 |
| | 11F | 사무실 |
| | 10F | 사무실 |
| | 9F | 침구, 리빙용품, 타올 |
| | 8F | 남·여 속옷, 양말 |
| | 7F | 남성 스포츠의류, 구두, 잡화 전반 |
| | 6F | 세트상품, 판촉제품 |
| | 5F | 여성복 |
| | 4F | 여성패션, 한국제품 |
| | 3F | 영캐주얼의류 |
| | 2F | 영캐주얼브랜드의류 |
| | 1F | 계산대, 안내데스크 |
| | B1 | 택배발송데스크 |

## 3. 셀프 오시니(Self 大西)

마루미추와 더불어 한국 상인들에게 가장 잘 알려져 있는 의류전문도매상인데, 오래된 소호무역인들은 셀프 다이세이라고 부르기도 한다. 본점이 오사카에 위치하고 있고, 도쿄에도 지점이 있다. 일본브랜드는 물론이고 해외브랜드까지 다양하게 전시되어 있는 것이 특징이다. 같은 성격을 지닌 마루미추에 비해 생활소품, 잡화, 건강 관련분야의 제품이 많이 전시되어 있는 것이 장점이다.

셀프 오니시는 의류전문 도매상의 성격이 강해서 출입증 발급이 의류매장이 아니면 잘 받아주지 않고, 2011년 5월부터 출입증 남발을 막는다는 취지로 사업자등록 원본을 제시해야 한다.

- **주소** : 大阪市 中央区久太郎町 3-4-12
  미도스지선 혼마치역 12번 출구 부근
- **전화번호** : 06-6252-1234
- **영업시간** : AM 8:00~PM 6:00(월),
  AM 9:00~PM 5:00(화~토)
- **홈페이지** : www.self.co.jp
- **휴무** : 일요일, 공휴일

[출입증 발급방법]

① 필요서류 : 사업자등록증 원본, 가게사진 1장씩(내부 · 외부), 여권, 명함 1장, 증명사진

② 주의사항 : 모든 사진은 인화한 사진이어야 하며, 명함, 사업자등록증, 가게외부 사진 모두의 상호가 일치되어야 한다. 1층 안내센터에서 필요서류를 제출하고 임시출입증을

받은 후 다음 방문 시에 정식출입증으로 교환하면 된다. 추가 사항은 사업자등록증 원본을 요구하기 때문에 사본은 필요하지 않다. 카드발행 후 본인 포함 2명까지 출입이 가능하다.

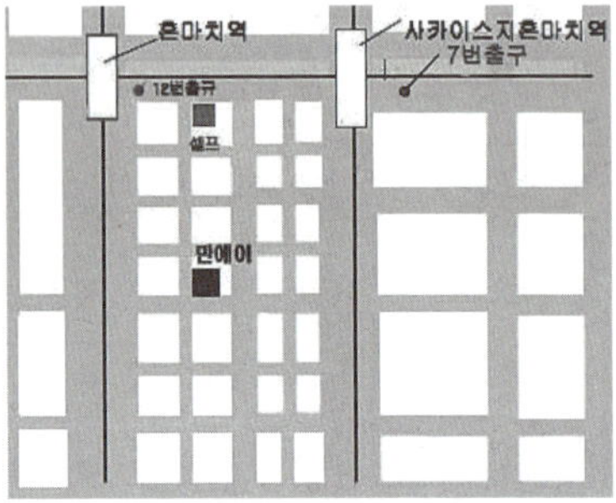


셀프 다이세이

**<셀프 오니시 취급상품>**

| 층 | 취급상품 |
|---|---|
| 7F | 세트상품, 침구, 타올, 키친웨어 |
| 6F | 남·여 속옷, 잠옷, 실버용품 |
| 5F | 남성의류 |
| 4F | 여성의류 |
| 3F | 남·여 신변잡화, 아동복, 문구 |
| 2F | 생활잡화, 수공예품, 포장용품, 계산대 |
| 1F | 버라이어티잡화, 인포메이션창구 |
| B1 | 레스토랑 |

## 4. 고멘(GOMEN)

오사카 도매상 중에서 비교적 잘 알려지지 않은 곳으로 보세와 빈티지의류 등 일본풍이 물씬 느껴지는 의류 및 잡화종류가 가장 많이 전시되어 있다. 특징은 다른 도매상에서 많이 볼 수 없는 품질이 높은 명품브랜드 의류가 많이 있어서, 명품브랜드 및 빈티지의류 등을 취급하는 상인들이 많이 방문한다.

또한 임부복이 다른 도매상에 비해 많이 구비되어 있으며, 가격대가 높더라도 품질이 높은 의류나 잡화를 원하면 들러봐야 할 의류 도매상이다.

- **주소** : 大阪市 中央区久太郎町 3-2-23
  미도스지선 혼마치역 9번출구 부근
- **전화번호** : 06-6252-3631　FAX 06-6241-0873
- **영업시간** : AM 8:00~PM 6:00(월~금), AM 9:00~PM 5:45(금),
  AM 9:00~PM 5:30(토)
- **홈페이지** : www.gomen.co.jp
- **휴무** : 일요일, 공휴일, 2·3번째 토요일

[출입증 발급방법]

① 필요서류 : 사업자등록증 사본, 가게사진 1장씩(내부 · 외부), 여권, 명함 1장, 증명사진

② 주의사항 : 모든 사진은 인화한 사진이어야 하며, 명함, 사업자등록증, 가게외부 사진 모두의 상호가 일치되어야 한다. 1호관 1층의 안내센터에서 필요서류를 제출하고 임시출입증을 받은 후 다음날 이후에 방문하면 정식출입증이 발급되나 본인만 출입이 가능하다.

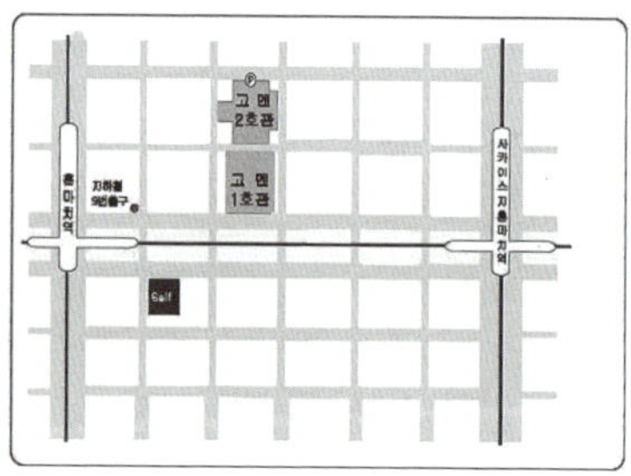


고멘

<고멘 취급상품>

| 호관 | 층 | 취급상품 |
|---|---|---|
| 1호관 | 6F | 영유아아동의류, 기모노 |
| | 5F | 아동용품, 스포츠의류 |
| | 4F | 언더웨어, 양말, 잡화 |
| | 3F | 남성캐주얼의류, 남 · 여잠옷 |
| | 2F | 신사정장, 패션잡화 |
| | 1F | 영캐주얼, 브랜드의류, 접수대 |
| | B1 | 미용용품, 식품, 계산대 |
| 2호관 | 8F | 여성의류, 신변잡화, 악세사리 |
| | 7F | 여성의류 |
| | 6F | 여성의류, 정장, 속옷 |
| | 5F | 침구, 인테리어, 주방용품 |
| | 4F | 영캐주얼, 스포츠용품 |
| | 3F | 영캐주얼, 사무용품 |
| | 2F | 패션잡화, 캐주얼의류 |
| | 1F | 여성정장, 접수대 |
| | B1 | 가방, 패션잡화, 소품, 계산대 |

## 5. 네고로(negoro)

잡화제품 중 가방과 핸드백을 가장 많이 취급하는 도매상이다. 오사카 본점에서는 1개관을 운영하고 있고 의류, 인테리어, 생활소품 등도 같이 취급한다. 특히 중국OEM 생산품보다 일본 내에서 생산된 제품들이 많이 있고 가방, 신발, 핸드백 등을 전문으로 하는 상인들의 방문이 빈번하다.

도쿄와 나고야 및 후쿠오카에도 지점이 있으며, 위치는 판비 2호관 맞은편이다.

- **주소** : 大阪市 中央区南久宝寺町 1-5-7
  미도스지선 사카이스지 혼마치역 7번출구 부근
- **전화번호** : 06-6262-1111 FAX : 06-6264-7659
- **영업시간** : AM 9:00~PM 5:00
- **홈페이지** : www.negoro.co.jp
- **휴무** : 일요일, 공휴일

[출입증 발급방법]

① 필요서류 : 사업자등록증 사본, 가게사진 1장씩(내부 · 외부), 여권, 명함 1장, 증명사진

② 주의사항 : 모든 사진은 인화한 사진이어야 하며, 명함, 사업자등록증, 가게외부 사진 모두의 상호가 일치되어야 한다. 1층 안내센터에서 필요서류를 제출하면 즉시 발급이 가능하다. 네고로는 가방이나 잡화전문도매상 성격을 띠기 때문에 의류와 여성잡화 종류 이외의 업종은 출입증 발급

이 조금 어려울 수가 있다.

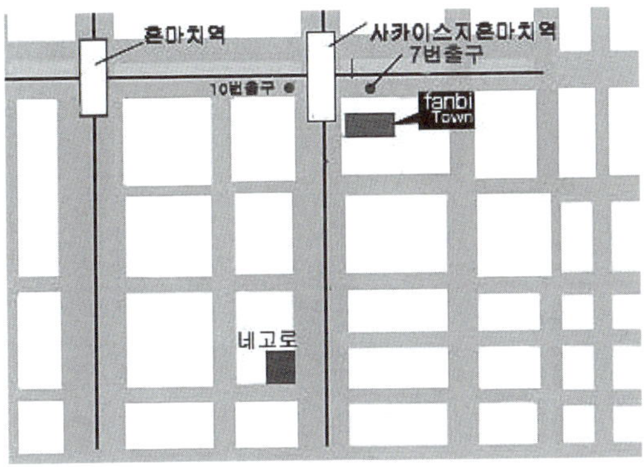


네고로

## 6. 만에이(manei)

일본 내국인들을 위한 복합 도매상으로 3개관과 특별관인 골프관으로 구성되어 있다. 외국인의 출입을 허락하지 않으며, 만에이에서 시장조사나 제품을 구매하고 싶다면 일본 내에서 사업하는 분들의 출입증을 빌려서 출입 및 구매가 가능하다.

다른 도매상에 비해 진열상태가 좀 복잡하게 보이지만 아이디어 상품이나 잠옷, 생활의류 등의 품질이 좋은 것으로 알려져 있다.

• **주소** : 大阪市 中央区北久宝寺町 3-3-10
미도스지선 사카이스지 혼마치역 12번출구 부근

• **전화번호** : 06-6251-5555　FAX : 06-6243-2156

• **영업시간** : AM 9:30~PM 5:30

• **홈페이지** : www.manei.co.jp

• **휴무** : 목요일, 부정기적

[출입증 발급방법]

일본 현지에서 사업을 운영하고 있는 사람에게만 출입증을 발급해주고 있다.

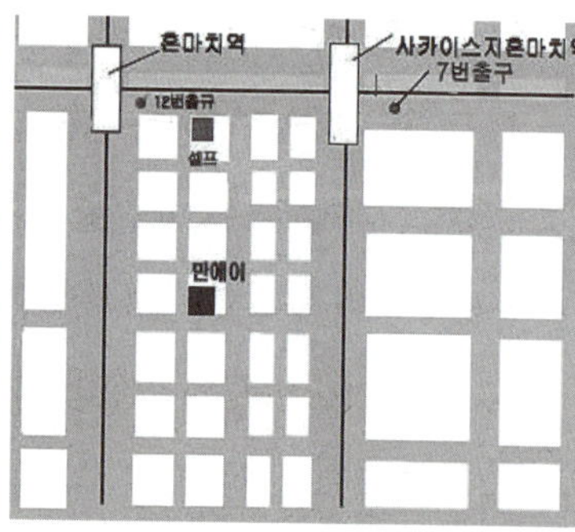


만에이

<만에이 취급상품>

| 호관 | 층 | 취급상품 |
|---|---|---|
| 1호관 | 10F | 카페, 식당 |
| | 9F | 귀금속, 악세사리 |
| | 8F | 가방, 수예용품, 재봉틀 |
| | 7F | 여성의류, 소형가전 |
| | 6F | 여성의류 |
| | 5F | 언더웨어, 여성캐주얼의류 |
| | 4F | 아동복, 여성잡화 |
| | 3F | 영캐주얼, 스포츠용품 |
| | 2F | 남성의류, 남성잡화 |
| | 1F | 안내데스크, 문구, 인테리어 |
| | B1 | 아로마용품, 카페 |
| | B2 | 식당 |
| | B3 | 식당 |
| 2호관 | 8F | 가구, 인테리어, 참배용품 |
| | 7F | 애완용품 |
| | 6F | 생활잡화, 침구 |
| | 5F | 주방용품, 욕실용품 |
| | 4F | 주방가전, 건강용품 |
| | 3F | 식품 |
| | 2F | 식품 |
| | 1F | 냉동식품, 생활잡화 |
| 3호관 | | 시세이도, sk2, 카네보, 란콤, 겔랑, 안나수이, 샤넬 등 일본과 해외유명브랜드 화장품과 아로마관련 제품들을 1~5층까지 취급하고 있다. |
| 골프관 | | 골프웨어와 클럽&용품으로 1층과 2층 |

## 7. SSOK

기존의 도매상들이 혼마치역이나 사카이스지 혼마치역의 부근에 거의 위치하고 있지만 SSOK 도매상은 조금 동떨어져 있어 잘 알려지지 않는 곳이다.

출입증을 발급받기 위해서 연회비를 납부해야 하기에 시장조사나 지속적인 구매가 이루어지지 않는 상인들은 좀 부담스러운 곳이다. 그러나 의류 중심적인 도매상이라서 의류를 전문적으로 취급하는 상인들은 자주 방문하던 곳인데, 몇년 전부터 현지사업자에게만 출입증을 발급해 주고 있다.

- **주소** : 大阪府箕面市船場東2-2-2
  센리추오역까지 가서 무료셔틀버스를 타면 된다.
- **전화번호** : 0726-729-3531(?) FAX : 06-6243-2156
- **영업시간** : AM 9:30~PM 5:30
- **홈페이지** : www.jet-manei.jp
- **휴무** : 목요일, 일요일

[출입증 발급방법]

① 필요서류 : 사업자등록증 사본, 가게사진 1장씩(내부 · 외부), 여권, 명함 1장, 연회비 5,000엔

② 주의사항 : 모든 사진은 인화한 사진이어야 하며, 명함, 사업자등록증, 가게외부 사진 모두가 서로 일치되어야 한다. 출입증의 발급 시에 서류와 함께 연회비 5,000엔이 필요하다. 하지만 출입증 발급과 동시에 매장에서 사용 가능한 5,000엔 상품권을 지급해준다. 조금 까다로운 점은 6개월마다 구매실적을 조사해서 구매실적이 적으면 연회비를 또 부과하는 경우가 있다. 단, 2012년부터 현지사업자에게만 출입증을 발급해 주고 있어 해외사업자늘은 출입증 발급이 어려운 실정이다.

<SSOK 취급상품>

| 호관 | 층 | 취급상품 |
| --- | --- | --- |
| 본관 | 8F | 흡연실 |
| | 7F | 귀금속, 보석, 시계 |
| | 6F | 여성패션, 수공예 |
| | 5F | 여자 속옷, 신발, 잡화 |
| | 4F | 남성패션, 속옷외 |
| | 3F | 유아복, 완구, 유아용품 |
| | 2F | 여행용품, 신변잡화 |
| | 1F | 안내데스크. 화장품 |
| 동관 | 6~8F | 식당과 휴게실, 카페카드 접수처 등이다. |
| | 5F | 건강 · 개호용품 |
| | 4F | 가정용품, 식품, 일용품 |
| | 3F | 선물용품, 포장용품 |
| | 2F | 이벤트용품, 학습용품 |
| | 1F | 출입증카운터 |
| 가구 리빙관 | 4F | 리빙가구 |
| | 3F | 주방가구 |
| | 2F | 침구 · 베드 |
| | 1F | 리빙잡화 |

* 1층으로 이루어진 애견과 애묘관련상품들을 취급하는 관도 별도 운영하고 있다.

## 2.2 오사카 및 고베 아울렛

백화점이나 전문브랜드 매장 등에서 판매하고 남은 재고상품이나 비인기상품 등을 정상가에서 대폭 할인된 가격으로 판매하는 브랜드 집합 전문매장을 아울렛이라고 한다. 국내에도 대형 아울렛 매장이 여러 곳 있지만 일본의 아울렛 매장과는 성격이 조금 다르다. 국내 아울렛이 재고나 비인기품목이 많은 반면, 일본 내의 아울렛은 넓은 내수시상에서 다양하고 경쟁력이 있는 제품들을 저렴한 가격에 취급해서 여행객들뿐만 아니라 브랜드, 명품의류를 취급하는 상인들도 아울렛을 주요 구입처로 활용하고 있다.

브랜드 온라인쇼핑몰이나 오프라인 매장의 창업을 준비한다면 중요한 곳이며, 오사카와 인접한 고베에 위치한 아울렛의 대표적인 곳으로 린쿠 프리미엄 아울렛, 브로섬 아울렛(미스이 아울렛), 포토바잘 아울렛(미스이 아울렛), 산다 프리미움 아울렛 4곳이 있다.

한편, 린쿠나 산다 프리미엄 아울렛은 현지 안내 데스크에서 쿠폰북으로 교환하면 일부 입점매장에서 추가 할인(5%)된 금액으로 구매할 수 있다. 또한 아울렛에도 면세가 되는 곳이 많으니 반드시 여권을 소지해서 쇼핑하는 것을 잊지 말자.

오사카 및 고베 아울렛

## 1. 린쿠 프리미엄 아울렛

첼시계열의 린쿠 아울렛은 서일본 최대의 규모를 자랑하는 프리미엄 아울렛이다. 아디다스, 나이키, 언더아머, 리바이스, 코치, 갭 등 150개 이상의 유명 브랜드매장이 입점해 있다. 프리미엄 아울렛의 명성에 걸맞게 세일폭도 크고 편의시설 및 위락시설이 잘 갖추어져 있어 오사카를 방문하는 쇼핑객뿐만 아니라 상인들의 필수코스로 자리매김을 하고 있다. 특히 간사이공항에서 지하철로 한 정거장이라서 비행기를 이용하는 쇼핑객이나 상인들의 동선과 시간적인 절약 측면에서 아주 좋은 곳이다.

오사카 시내에서 가는 방법은 난카이 난바역에서 간사이공항행 급행열차를 타고 린쿠타운역에서 내려 도보로 7분 정도 거리이며, 전체적으로 보면 약 50분 정도가 소요된다.

아울렛은 보통 30~50% 정도의 저렴한 가격에 제품을 구입할 수 있고, 일부 품목은 쿠폰북으로 추가할인이 가능하다. 그리고 린쿠타운 매장마다 특정일 세일 등을 확인하거나 1월 초, 5월 초(골든위크), 7월 초의 일본상가 세일기간을 연계하여 방문을 하는 것도 좋은 방법이지만, 매장마다 특정상품의 세일은 부정기적인 경우가 많다.

• 주소 : 〒598-8508 大阪府泉佐野市りんくう往来南3-28
• 전화번호 : 072-458-4600
• 영업시간 : AM 10:00~PM 8:00
• 홈페이지 : www.premiumoutlets.co.jp
• 휴무 : 2월 3주차 목요일
• 간사이국제공항에서 가는 방법 :
간사이국제공항－스카이 셔틀버스(100엔)－Rinku Outlets (20분 정도 소요)
－타는 곳 : 에어로 프라자 앞
－셔틀운행시각 : 9:40~19:10(평일 60분, 토 · 일 · 공휴일 30분 간격 )
• 오사카에서 가는 방법 :
난바-난카이선 '공항급행'－Rinku Outlets (50분 정도 소요)

## 2. 고베 산다 프리미엄 아울렛

고베에 위치한 산다 아울렛은 린쿠 아울렛과 함께 첼시계열의 아울렛이며, 구매조건은 린쿠 아울렛과 동일한 프리미엄 아울렛이다. 산다 아울렛 역시 150개 정도의 매장이 입점해 있고, 다른 아울렛에서는 입점해 있지 않은 브랜드가 많아 마니아층을 대상으로 하는 상인들이 자주 방문하는 곳이다.

• 주소 : 〒651-1515 兵庫県神戸市北区上津台7-3
• 전화번호 : 078-983-3450
• 영업시간 : AM 10:00~PM 8:00
• 홈페이지 : www.premiumoutlets.co.jp
• 휴무 : 2월 3주차 목요일
• 찾아가는법 :
우메다 오사카역－JR후쿠지야마선－다카라즈카－JR후쿠지야마－산다－노선셔틀 버스－Kobe Sanda Outlets(50-60분 소요)

## 3. 브로섬 아울렛(미스이 아울렛)

현재 정확한 명칭은 미스이 아울렛이지만 소호무역상인들에게는 예전의 명칭인 브로섬 아울렛으로 여전히 불려지는 곳이다. 오사카 및 고베지역 다른 아울렛에 비해 오사카 시내에 있어 가장 접근성이 좋으며, 프리미엄 아울렛보다 적은 70개 내외의 브랜드매장이 입점해 있고 돔 형식으로 되어 있어 방문 시에 아기자기한 느낌을 가진다.

규모는 작지만 스포츠와 아동복 제품은 다른 프리미엄 아울렛에 비해 손색이 없을 정도로 입점해 있기 때문에, 관련 제품을 전문으로 하는 상인들이 많이 찾는 곳이다. 또한 각 매장마다 실시하는 타임세일이나 데이세일(Day sale)을 체크하는 것이 핵심이다.

- 주소 : 大阪府大阪市鶴見区茨田大宮2-7-70
- 전화번호 : 06-6915-3939
- 영업시간 : AM 11:00~PM 8:00(월~금)
  AM 10:00~PM 8:00(토 · 일)
- 홈페이지 : www.31op.com/osaka/index.html
- 휴무 : 일년 내내 거의 휴무없음
- 찾아가는 법 :
  나가호리 쓰루미료쿠치선 종점 가도마미나미역 3번출구에서 도보 10분 거리

## 4. 고베 포토바잘 아울렛(미스이 아울렛)

고베에 있는 포토바잘 아울렛은 미스이 아울렛의 예전 지명이며, 바다가 보이는 곳에 위치하여 쇼핑과 함께 아름다운 절경을 즐길 수 있는 곳이다. 140개의 전문매장이 입점해 있고, 특히 중식, 일식, 양식, 이태리, 인도요리 등을 즐길 수 있는 레스토랑들이 많아서 관광객들에게 편의를 제공하고 있다.

- 주소 : 兵庫県神戸市垂水区海岸通12-2
- 전화번호 : 078-709-4466
- 영업시간 : AM 10:00~PM 8:00(매장) AM 11:00~ PM 10:00 (레스토랑, 카페)
- 홈페이지 : www.31op.com/kobe/index.html
- 휴무 : 일년 내내 거의 휴무없음
- 간사이국제공항에서 가는 방법 :
  리무진 버스로 산노미야역으로 이동 후 JR고베선으로 환승하여 타루미역에서 하차하면 된다.
- 오사카에서 가는 방법 :
  JR고베선 쾌속으로 고베까지 온 후에 쾌속으로 환승하여 타루미역(산요전차를 이용하면 특급으로 직행)까지 약 50~55분 정도 소요되며, 하차 후 도보로 10분 정도 거리에 위치하고 있다.

# 2.3 오사카 소매상 및 전문매장

## 1. 아카짱혼포

일본에서 영유아용품에서 아동용품까지 가장 폭넓게 구비하고 있는 전문매장으로, 오사카 혼마치점에서는 가격과 품질에서 경쟁력이 높은 품목들이 많아 유아용품을 취급하는 수입상들에게 인기가 있는 곳이다. 두 개의 관이 마주보고 있는데, 본관은 유아복과 유아용품, 별관은 아프리카, 콤비, 아이버기 등 유모차와 카시트외 상품을 취급하고 있다. 또한 구매시 현금처럼 사용이 가능한 포인트를 적립해주기 때문에 포인트 카드를 발급받는 것이 유리하다. 포인트 카드는 본관 1층 카운터에서 발급이 가능하다.

- 주소 : 大阪市 中央区 南本町3-3-21
  지하철 미도스지선 혼마치역 9번출구 부근
- 전화번호 : 06-6258-7300
- 영업시간 : AM 10:00~PM 7:00
- 홈페이지 : www.akachan.jp
- 휴무 : 연중무휴

아카짱혼포

## 2. 쓰루야(tsuruya) 골프

쓰루야 골프는 던롭, 잭시오, 투어스테이지, 타이틀리스트를 비롯한 골프채와 용품, 블랙앤화이트, 타이틀리스트, 풋조이 등 일본골프의류 브랜드 제품을 다양하게 취급하는 골프용품 전문 매장인데, 일본 전역에 100개가 넘는 직영점을 가지고 있다.

여러 브랜드 제품이 전시되어 있기 때문에 골프용품 시장조사 편의성이 뛰어난 전문매장이다. 가격 면에는 그리 저렴하다고 할 수 없어 기타 아울렛이나 전문매장과 비교해 가면서 구매하는 것이 좋다.

- **주소** : 大阪府大阪市中央区本町3-3-5
  지하철 미도스지선 혼마치역 11번출구 부근
- **전화번호** : 06-6281-0111
- **영업시간** : AM 10:00~PM 6:00
- **홈페이지** : www.tsuruyagolf.co.jp
- **휴무** : 연중무휴

쓰루야 골프

### 3. 로프트(loft)

디자인이 예쁜 브랜드제품, 건강 · 미용용품과 각종 아이디어 제품들이 많이 전시되어 있는 백화점 형식의 전문매장이다. 오사카에는 신사이바시점과 우메다점 2곳이 있다. 도큐한즈와 더불어 신상품의 전시가 빠른 매장이라서 신상품의 시장조사를 위해서는 중요한 곳이다.

- 주소 : 大阪府大阪市中央区難波千日前12-22
  난카이난바역 동출구에서 도보로 4분
- 전화번호 : 06-6631-6210
- 영업시간 : AM 10:00~PM 10:00
- 홈페이지 : www.loft.co.jp
- 휴무 : 부정기적

로프트

## 4. 도큐 한즈(tokyo hands)

일본 내에서도 독특하고 디자인 자체도 모던한 DIY, 아이디어 제품을 취급하는 전문 백화점이며, 특히 젊은층에서 인기가 높다. 일반매장에서는 쉽게 구할 수 없는 DIY 공작재료들을 구비하고 있어 한국에서도 도큐 한즈를 찾는 마니아층이 많다. 이에 따라 국내 오픈마켓에도 도큐 한즈에서 취급하는 제품을 발굴하여 판매하는 수입상이 적지 않다.

도매상이 아니라 소매로 파는 전문매장이지만 아이템 개발이나 유행제품의 흐름을 볼 수 있는 중요한 곳이다.

- **주소** : 大阪市 中央区 南船場3-4-12
  지하철 미도스지선 신사이바시역 2번출구 부근
- **전화번호** : 06-6243-3111
- **영업시간** : 오전 10시~오후 9시
- **홈페이지** : www.tokyu-hands.co.jp
- **휴무** : 부정기적

도큐 한즈

**<층별 취급상품 안내>**

| 층 | 취급상품 |
|---|---|
| 8F | 화구, 물감 등 미술관련용품 |
| 7F | 사무용품, 문구, pc용품 |
| 6F | 보수재, 바닥재, 나무공예, 공구 |
| 5F | 웨딩용품, 과학잡화, 마술 · 변장용품 |
| 4F | 욕실용품, 수납용품, 침구, 조명, 가구 |
| 3F | 키친, 세탁용품, 청소용품 · 세제 |
| 2F | 미용, 입욕, 건강용품, 방향용품, 아로마 |
| 1F | 가방, 아웃도어, 잡화 |
| B1 | 서점 |

## 5. 무인양품(無印良品)

무인양품은 무지(muji)로도 잘 알려진 일본 실속형 잡화브랜드이다. 일본도 장기불황으로 소비패턴이 고급명품브랜드에서 중·저가 실속형으로 이미 변화된 추세라 이러한 브랜드들이 점점 다양해지고 소비자들의 눈길을 끄는 의류, 잠옷, 신발, 미용·아이디어 상품들이 많이 출시되어 있다.

일본 전국에 매장을 가지고 있으며 오사카에도 난바, 신사이바시, 우메다 등 곳곳에서 성업 중이며 난바에도 난바점을 비롯해 3곳이 있다. 해외나 국내에도 매장이 진출해 있고 특히 젊은 주부들에게 인기가 많다.

- **주소** : 大阪府大阪市中央区難波千日前12-22
  難波センタービル　B2~2F
  (난바점) 난카이난바역 동출구에서 도보로 4분
- **전화번호** : 06-6648-6461
- **영업시간** : AM 10:00~PM 10:00
- **홈페이지** : https://www.muji.net/store/
- **휴무** : 부정기적

무인양품

## 6. 돈키호테

일본 전역에 매장을 가지고 있는 연중무휴 24시간 영업을 하는 디스카운트 스토아의 성격을 띠고 있지만 전반적으로 결코 저렴하지 않다. 돈키호테의 매장은 다른 전문매장들에 비해 넓지는 않지만, 성인용품, 각종 명품가방, 주방용품, 생활용품 등을 다양하게 취급한다.

젊은층이 좋아할 수 있는 제품들로 구성되어 있는 것이 특징이며, 가격적인 메리트를 지닌 제품도 제법 있지만 잘 선별 구매해야 한다.

24시간 영업을 하는 곳이 많고 면세 가능하며, 오사카 도톤보리점 위치는 도톤보리다리에서 도톤보리점 두 곳이 강을 끼고 양쪽으로 바로 보인다.

- 주소 : 大阪府大阪市中央区宗右衛門町7-13 (도톤보리점)
  지하철 난카이선 난바역 14번출구에서 도보로 5분
- 전화번호 : 06-4708-1411 FAX : 06-4708-1422
- 영업시간 : 24시간
- 홈페이지 : www.donki.com
- 휴무 : 연중무휴

## 7. 비쿠카메라(bic cammera) 난바점

우메다의 요도바시 카메라와 함께 오사카 난바의 전자제품 할인매장이다. 카메라, PC, 전자제품뿐만 아니라 건담, 프라모델, 완구, 스포츠용품 등도 취급하는 토탈 전기·전자제품 매장이다.

난바의 비쿠카메라는 경쟁상대인 우메다의 요도바시나 인근의 라비1에 비해 규모는 작지만 접근성이 뛰어나 국내관광객이나 소호무역상들이 많이 찾는 곳이다. 또한 구매금액에 대해 적립해주는 포인트 카드 제도를 시행하고 있어서, 방문시 포인트 카드를 꼭 발급받는 것이 필요하다. 또한 면세점이라 10,800엔 이상은 8% 환급이 가능하나, 포인트 적립과 중복해 주지 않는다.

- **주소** : 大阪府大阪市中央区千日前2-10-1 (난바점)
- **홈페이지** : www.biccamera.com
- **휴무** : 연중무휴

비쿠카메라 난바점

## 8. 요도바시카메라(yodobashi cammera) 우메다점

라비1과 더불어 서일본 최대의 복합 전기·전자매장인데, 전기·전자제품 외에 건담, 완구, 패션제품들도 폭넓게 취급하여 층별로 잘 정리되어 있는 매장이다. 특히 카메라와 관련부품 및 악세사리에 강하며, 라비1과 비쿠카메라와 마찬가지로 포인트카드 발급을 통해 10% 적립과 할인이 된다. 그리고 10,800엔 이상 구매시에 소비세 면세부분은 관련 상품취급 상인이라면 빠뜨릴 수 없는 부분인데, 동시할인과 적립은 안해 준다.

요도바시카메라는 워낙 크고 취급제품이 많아, 사전에 원하는 품목이나 방문매장은 홈페이지의 플로어맵(floor map)에서 확인 후에 가는 것이 효율적이다. 연중무휴이며, 위치는 JR칸조선 오사카역 북출구 부근에 있다.

- 홈페이지 : www.yodobashi.co.jp

요도바시카메라 우메다점

## 9. 라비 1(labi1) 난바점

야마다계열의 전기 · 전자복합전문매장이며, 비쿠나 요도바시와 마찬가지로 카메라, 시계, 컴퓨터, 전기 · 전자주변기기 및 부품 등을 비롯해 건담, 프라모델, 완구, 서적 등 기타 잡화분야도 취급하고 있다. 매장 취급제품의 수로는 요도바시나 비쿠를 능가하며 규모도 요도바시카메라에 견줄 만한 곳이다.

구매 시에 포인트 카드를 발급받으면 10% 정도의 적립과 품목별 추가 할인구매가 가능하다. 10,800엔 이상 구매시에는 8% 면세까지 가능하지만 동시적립과 면세는 불가하다. 위치는 난카이선 난바역 부근의 난바팍스와 연결되어 있다.

• 홈페이지 : www.yamadalabi.com/labi1/

라비 1(labi1) 난바점

## 10. 쯔루하시 시장

제2차대전 후에 한인들에 의해 암시장이 만들어졌고, 지금은 오사카 제1의 한인시장으로 발전했다. 쯔루하시 고려시장, 쓰루하시 상점가, 마르쇼 쯔루하시 상점가 등이 미로처럼 얽혀 있다. 보통 JR쓰루하시역 고가 아래의 쓰루하시 역전 상점가가 가장 유명하다. 가는 방법은 쯔루하시역에서 도보로 15분 정도 가면 있다.

식품이나 비브랜드를 취급하는 재래 보따리무역상들은 여기를 터전으로 무역을 하고 있지만 소호무역상들의 분야와는 거리가 있는 곳이다.

- 영업시간 : AM 10:00~PM 5:30
- 홈페이지 : www.turuhasi-ichiba.com
- 휴무 : 매주 수요일

## 11. 백화점(다이마루, 다카시마야, 마루이 백화점)

오사카에는 난바역 인근에 다카시마야, 마루이, 다이마루 백화점이, 그리고 우메다역 부근에는 한신, 한큐, 다이마루, 루쿠아 백화점이 위치하고 있다. 조금씩 취급 브랜드가 다를 뿐이지 백화점의 시스템과 정책 등은 거의 비슷하다.

일본의 백화점은 꼼데갸르송, 바오바오백, 프랑프랑 등 인기 일본브랜드 제품들이 많아 소호무역상인들뿐만 아니라 일반관광객이 많이 방문하는 곳이며, 신상품 출시가 빨라 각종 브랜드의 시장조사를 위해서도 반드시 들러야 할 곳이다. 그리고 세일기간을 이용하면 특정제품을 좀 더 저렴하게 구매할 수 있으며, 관광객 대상 추가할인과 포인트카드를 만들어 활용하는 것도 잊지 말아야 한다. 또한 백화점들은 면세점이라 10,800엔 이상을 구매하면 소비세 8%를 면세 환급해주기 때문에 여권을 제시해서 환급을 받는 것도 필수적이다.

## 12. 한큐 백화점

우메다역 부근에 있는 한큐 백화점은 버버리블랙, 버버리블루, 꼼데갸르송을 비롯하여 유명 명품브랜드들이 많이 구비되어 있어 20~30대 젊은이들이 가장 많이 찾는 곳이며, 명품을 취급하는 상인들에게는 추천하고 싶은 백화점이다. 전체적으로 고가브랜드가 많아 다른 백화점에 비해 가격대가 높은 편에 속하며, 특히 2층 화장품코너는 규모도 가장 크고 다양한 브랜드매장이 입점하고 있다. 위치는 우메다역에서 도보로 5분 거리이다.

- 홈페이지 : www.hankyu-dept.co.jp

## 13. 한큐 3번가

한큐 3번가는 남관과 북관으로 되어 있고 약 3백개의 점포들이 입점하여 있다. 3층은 한큐우메다역 플래폼이고 지상 2층에서 지하 2층까지 상점가가 펼쳐져 있다. 지하 1층은 의류 및 캐릭터, 취미 관련 점포들이 입점해 있고, 지하 2층은 식당가인데, 백화점 못지않은 디스플레이와 상품구성으로 늘 많은 사람들로 북적인다. 특히 1층과 지하 1층에는 국내 상인들에게 리락쿠마 샵으로 잘 알려진 키디랜드(kiddy land)가 있으며, 위치는 지하철 한큐우메다역과 연결되어 있다.

• 홈페이지 : www.h-sanbangai.com

한큐 3번가

## 14. 도구야스지

오사카의 도구야스지는 주방용품와 요리도구을 판매하는 상점가인데, 일본 정취가 있는 생필품들이 많아 일본의 주방장이나 요리사들이 가장 많이 찾는 곳이다. 전체 길이 160미터로 이어지는 상가에는 45개의 점포가 성업 중이고 요리와 주방기구에 관련된 모든 것을 취급하는데, 세라믹칼과 마네키네꼬 인형, 컬러풀한 세련된 느낌의 그릇과 주방도구, 제빵용품을 비롯한 다양한 주방관련 제품을 취급한다. 특히 가격대가 부담스럽지 않고 난바 중심지에 위치하여 접근성도 좋아서 일본주방용품을 전문으로 하는 상인들이 많이 찾는 곳이다. 위치는 난카이선 난바역에서 도보로 3~4분 거리에 있다.

도구야스지

## 15. 니폰바시 전자상가(덴덴타운)

오사카 내의 일본 전기 · 전자 전문 밀집지역인 니폰바시 전자상가는 덴덴타운이라고도 불린다. 도쿄의 아키하바라와 함께 간사이지역 최대의 전기 · 전자상가이며, 공구상가도 위치하여 여러 측면에서 이점이 있는 곳이다. 예전에는 한국에서 전기 · 전자제품을 취급하는 상인들의 주된 거래처였지만 지금은 비쿠카메라나 요도바시카메라, 라비1과 같은 대형 복합 전문매장들이 생겨서 과거 같은 호황은 누리지 못하는 것이 사실이다. 하지만 프라모델, 건담, 피규어, 모형, 애니메이션상품 등을 취급하는 취미용품 전문매장이 많이 생겼고, 매니아거리인 오타로드도 형성되는 등 특색이 있는 장소로 바뀌었다. 덴덴타운 내에 위치하고 있는 정글, 멜론북스, 키즈랜드, 보쿠스오사카, 조신전기, 스포지 등 각각 특색이 뚜렷한 전문매장에는 취미용품 매니아층들과 관련 소호무역상인들이 자주 방문하는 곳이다.

한가지 팁은 이곳은 면세점이 많아 10,800엔 이상 구매하면 8% 면세에 비자나 유니언페이 카드를 추가할인 우대하는 전문매장들이 많다.

- 홈페이지 : www.denden-town.or.jp
- 찾아가는 방법 : 지하철 사카이스지선 에비스초역 1A번 출구

덴덴타운

## 16. 멜론북스(Melon books, 일본 동인지 전문서점)

덴덴타운 내에서 규모가 큰 만화, 화보집 및 동인지를 판매하는 서점이며, 주변의 또 다른 전문서점인 K-books, 애니메이트와 함께 둘러보면 좋은 곳이다. 위치는 에비스쵸역에서 도보로 3분 정도 거리이며, 오타로드 내에 위치하고 있어 찾기도 수월하다.

멜론북스

## 17. 보쿠스오사카

덴덴타운 내에 위치하고 있는 보쿠스오사카는 캐릭터용품, 피큐어, 프라모델, 로봇·모형 등을 한 건물에서 구경할 수 있는 특징이 있는 전문매장이다. 위치는 에비스초역 부근에 위치하고 있다.

보쿠스오사카

## 18. 조신(Joshin) 전기

① **키즈랜드**(kids lands) : 매니아들의 천국이라고 하는 덴덴타운거리 내에 있는 키즈랜드는 전자제품, 피규어, 프라모델, 모형, 캐릭터인형 등 다양한 제품을 취급하고 있는 조신전기계열의 매장이다. 덴덴타운 내 본관, 별관의 2개 매장으로 구성되어 있지만 상품은 거의 똑같은 제품구성을 가지고 있다고 해도 무방하다. 위치는 니폰바시 전자상가(덴덴타운) 내에 있다. 특히 반다이(BANDAI)계열의 상품들이 많고 건담과 프라모델, 피규어 취급 상인들의 주요 구매처 중 한 곳이다.

키즈랜드

② **디사이퍼**(disciper) : 조신전기계열의 음악, 영상소프트, TV 게임 등 풍부하고 다양한 제품을 취급하고 있어 시장조사나 샘플구매에 유리한 매장이다. 위치는 덴덴타운 내에 있다.

건담스

- **홈페이지** : www.joshinweb.jp/top.html

조신 전기

## 19. 소프맵(sofmap)

일본 전역에 약 50개의 지점을 두고 있는 전자전문매장인 소프맵은 PC, 노트북, 각종 CD, 시계, 카메라뿐만 아니라 생활용품, 가전중고까지 다양하게 취급하고 있다. 특히 중고제품에 대해서 강점이 많아 중고게임기나 중고PC 등을 취급하는 상인이나 매니아들은 필수적으로 방문하는 곳이다. 오사카 내의 매장은 난바, 텐노지 등에 있다.

• 홈페이지 : www.sofmap.com

소프맵

## 20. 오사카복합상가(OPA)

신사이바시에 위치하고 있는 OPA빌딩은 복합상가(별관 포함)로 되어 있다. 10~20대 여성들이 좋아하는 의류 중심으로 미용소품브랜드, 에고이스트, 마크제이콥스, 사만타 베가, 속옷브랜드 라비주어 매장 등이 입점해 있다. 의류 중심 상인들은 가 볼만한 곳이며, 위치는 신사이바시 다이마루백화점에서 미도스지 대로를 중심으로 마주 보고 있는 건물이다.

• 홈페이지 : www.opa-club.com/shinsaibashi

OPA

## 21. 카와치

신사이바시 상가에 위치하고 있는 문구전문매장이다. 취급상품은 필기도구, 학용품 외 캔버스, 물감 등 전문 미술용품까지 총망라되어 있고, 특히 다양한 비즈공예제품, 퀼트, DIY벽지 제품들도 구비되어 있다.

카와치

## 22. 이케아(IKEA, 창고형 가구 · 생활소품 할인점)

스웨덴의 창고형 할인점 형태의 매장인데, 특히 가구, 인테리어, 생활소품 등이 전문이며, 국내에도 많이 알려져서 매니아들도 많다. 하지만, 소가구와 인테리어소품이 부피가 크기 때문에 수입이 어렵고, 보통 국내 이케아와 비교해서 시장조사나 아이디어를 얻기 위해 주로 방문하는 곳이다.

이케아를 찾아 가는 방법은 난바역 OCAT 1층 입구에서 이케아(IKEA)로 가는 셔틀버스가 있다.

- 주소 : 大阪府大阪市大正区鶴町2-24-55
- 전화번호 : 06-6556-2700
- 영업시간 : AM 10:00~PM 9:00
- 홈페이지 : www.ikea.com/jp/ja

## 23. 디즈니 스토어

디즈니 캐릭터 제품을 취급하는 전문매장으로 상가 중심지에 위치하여 매니아층이나 멀티샵을 하는 상인들이 주로 신상품 관련 시장조사차 방문하는 곳이다. 위치는 신사이바시 상가 내에 있다.

디즈니 스토어

## 24. COPO(양말, 스타킹전문상점)

양말전문매장으로 규모는 작지만 잡화매장에 비해 기능성스타킹, 캐릭터양말 등을 다양하게 구비하고 있다. 소매점이지만 도매상보다 싼 제품도 있기 때문에 잡화를 전문으로 하는 상인들은 도매상가와 비교하면서 항상 방문하는 곳이다. 위치는 신사이바시 상가 내에 신사이바시점과 비쿠카메라 부근의 난바점 등이 있다.

COPO

## 25. 산리오갤러리

산리오갤러리는 헬로키티, 신칸센, 텐노리쿠마, 차미키티, 시나몬롤 등 많은 캐릭터를 보유하고 있는 캐릭터 전문매장이다. 캐릭터용품이나 소품을 취급하는 상인들이 시장조사와 신상품조사를 위해서 방문하는 곳이며, 위치는 신사이바시 상가 거리에 있다.

산리오갤러리

## 26. 다이고쿠야(일본 중고명품점)

명품시계, 핸드백 등 주로 중고명품을 취급하고 있고, 고메효, 브랜드오프와 함께 국내에도 잘 알려져 있는 중고명품전문점이다. 체인점 형식으로 오사카 신사이바시와 우메다를 비롯하여 여러 곳에 매장이 있다. 시계브랜드인 로렉스, 오메가, 불가리를 비롯하여 핸드백 브랜드인 에르메스, 샤넬, 보테가 베네타, 루이비통 등의 명품브랜드를 제품상태 등급별로 다양하게 볼 수 있는 곳이다. 신사이바시상가 내에 3곳이 있다.

다이고쿠야

## 27. 난바시티(namba city)

난카이전철의 난바역 빌딩 내 지상 2층과 지하 2층의 복합상점가인데, 남관과 북관으로 이루어져 있다. 소품, 의류, 패션악세사리, 레스토랑 등 많은 매장이 백화점 못지 않은 인테리어와 상품구성을 갖추고 있다. 가까운 거리에 있는 다카시마야와 마루이 백화점, 난바팍스와 연계하여 둘러본다면 아주 효율적이다.

- 홈페이지 : www.nambacity.com

## 28. 난바팍스(namba parks)

원래는 야구장을 리모델링하여 만든 복합 상가의 형식으로 일본의류, 미용, 건강, 인테리어용품, 장난감, 잡화를 비롯한 다양한 매장이 입점이 되어 있고, 식당, 휘트니스, 커피숍 등의 위락시설도 입점해 있는 거대한 복합 엔터테인먼트 상가이다. ships, 꼼데 갸르송, 폴스미스 등 브랜드의류매장과 수제비누, 화장품, 세안제품 관련 DIY매장이 많아 신상품이나 아이템 개발을 위해서는 들러볼 필요가 있다.

• 홈페이지 : www.nambaparks.com/

난바팍스

## 29. STEP(신발전문점)

스텝은 체인점으로 신사이바시와 난바, 도톤보리 등 미나미 지역에 4군데가 있다. ABC마트와 더불어 운동화, 특수화 및 구두까지 다양하게 취급하고 있고, 잘 선별하면 득템도 가능하다. 특히 월 초의 세일기간을 이용하면 좀 더 저렴하게 구매할 수 있는 기회가 있다.

• 홈페이지 : http://step-japan.jp

STEP

## 30. ABC 마트(신발전문점)

뉴발란스, 나이키, 아디다스, 퓨마 등 모든 신발브랜드와 각종 캐주얼화, 신사화 및 특수화까지 취급하는 신발전문점이다. 다양한 품목으로 소비자에게 인기가 있는 전문매장으로 신사이바시 상가 내에 위치한 매장이 규모와 제품이 다양하다.

• 홈페이지 : www.abc-mart.net

ABC 마트

## 31. 스포츠데포(sports depo)

일본 스포츠용품 할인점인 스포츠데포는 1972년 설립된 알펜 그룹의 일본스포츠, 레저, 아웃도어 할인매장으로 일본 전역에 80개의 체인점을 가지고 있다. 취급품목은 야구, 축구 등 기본적인 종목에서부터 스쿠버, 요트, 아웃도어 장비까지 다양해 시장조사에 아주 좋다. 할인점 성격을 띄고 있지만 결코 저렴하지 않아 타전문매장과 가격비교 후 선별구매는 반드시 필요하다.

• 홈페이지 : www.alpen-group.jp/shop/sports-depo.html

스포츠데포

## 32. 100엔샵

말 그대로 모든 상품의 가격이 100엔인 것을 뜻하며, 한국 관광객이나 상인들은 꼭 들리는 곳 중의 하나이다. 100엔이지만 생각보다 아이디어 제품도 많고, 특히 생활용품과 세탁용품, 위생용품 등은 가격대비 품질이 우수하다. 멀티샵이나 쇼핑몰을 운영하는 상인들이 판촉이나 사은품용으로 많이 구매하는 곳으로 오사카 시내 중심지 곳곳에서 쉽게 찾아 볼 수 있다. 대표적인 100엔샵은 국내에도 잘 알려진 다이소(daiso)와 캔두(can do)가 있으며, 난바의 비쿠카메라 8층의 100엔샵 캔두는 접근성이 좋아 소호무역상인들의 출입이 잦은 곳이다.

## 33. 드럭스토어

일본상가 거리를 다니다 보면 흔하게 볼 수 있는 것이 드럭스토어이다. 약품, 건강식품을 비롯하여 각종 화장품과 미용도구, 과자 등을 같이 팔고 있는데, 꼭 슈퍼마켓을 연상시킨다. 항상 고객으로 붐비며 판매하는 약품과 건강식품, 화장품 중에서 한국에서 인기가 있는 제품들이 많다. 매장마다 구매금액별로 도장을 찍어 주거나 1플러스1행사 등 혜택사항도 적지 않으나 판매개수를 제한하는 품목들이 많다.

덧붙여 지속적인 구매를 하는 상인들의 경우 당연히 포인트 카드를 발급 받는 것이 좋다. 대표적인 일본드럭스토어로는 마츠모토키요시, 다이코쿠, 코쿠민, 코코카라파인 등이 있는데, 가게마다 가격이 달라 가격비교는 필수다. 또한 5,400엔 이상은 면세이니 반드시 여권을 소지해서 쇼핑하는 것을 잊지 말자.

드럭스토어

## 34. 아메리카무라 거리

젊은이 문화의 중심지로 보세, 중고의류, 수입의류, 악기전문점, 신발전문매장, 부띠끄, 라이브까페, 클럽 등 2,500개의 매장이 입점해 있다. 특히 빅스텝, 삼각공원을 중심으로 10~20대 취향의 패션거리가 형성되어 있어 한정판 브랜드신발이나 의류를 좋아하는 젊은 여행객과 상인들이 자주 들러보는 곳이다. 위치는 신사이바시역 7번출구 부근에 있다.

아메리카무라 거리

## 35. 빅스텝

빅스텝은 아메리카무라에서 가장 대표적인 복합쇼핑몰로 지하 2층, 지상 7층의 대규모 매장으로 구성되어 있다. 각 층마다 안나수이, 유나이티드에로우 등 다양한 브랜드와 아이템을 취급하는 매장으로 구성되어 젊은이들의 유행코드를 잘 알 수 있는 곳이다.

특히 지하 1~2층에 있는 스포타카(Spotaka)는 축구, 야구, 농구 등 스포츠에서 레저용품, 아웃도어의류, 등산용품까지 다양하게 취급하는 스포츠용품 및 레저용품 전문매장이다.

- **주소** : 大阪市中央区西心斎橋 1丁目6番14号
  BIGSTEP 지하철 미도스지선 신사이바시역 7번출구에서 도보로 3분
- **전화번호** : 06-6484-7164
- **영업시간** : AM 12:00~PM 9:00,
  토 · 일 AM 12:00~PM 10:00
- **휴일** : 부정기적
- **홈페이지** : www.big-step.co.jp
  www.spotaka.com

빅스텝

<(사카이스지) 혼마치역 부근 도매상가정보>

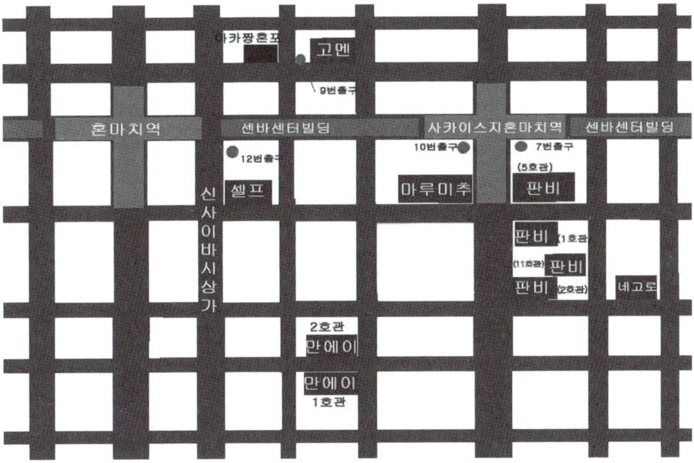


<우메다지역 상가정보>

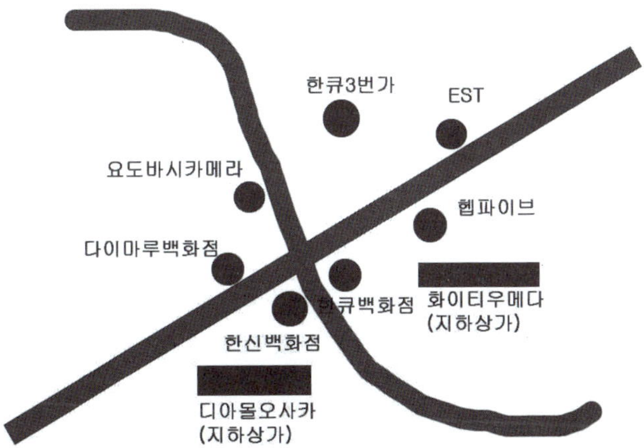

## <미나미(신사이바시, 난바) 지역 상가정보>

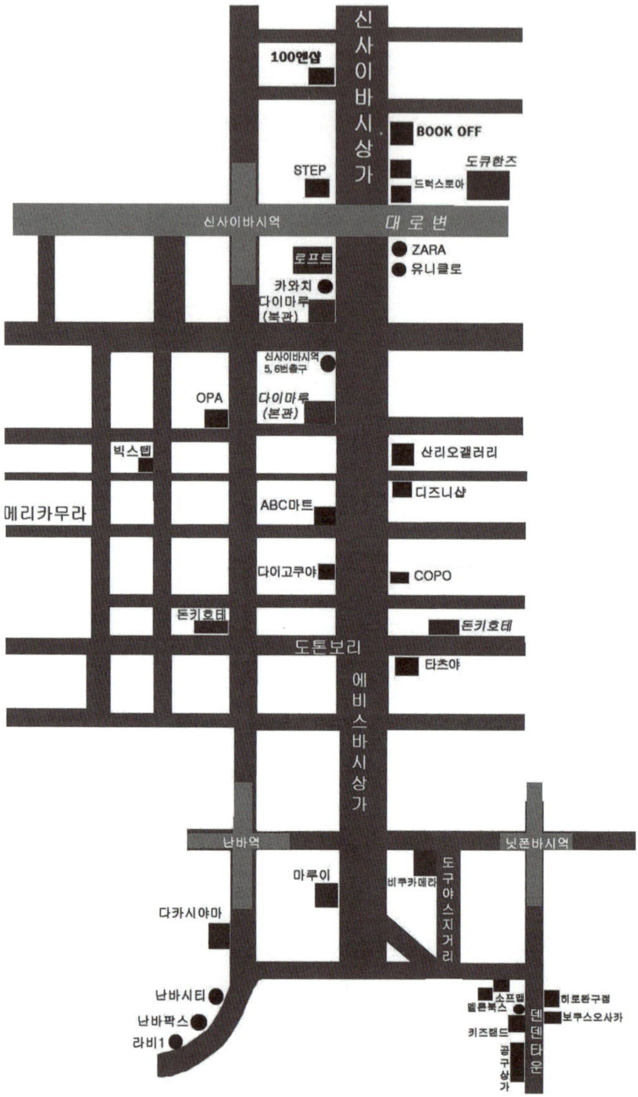

## 2.4 동경의 도 · 소매상

동경은 일본 제일의 도시답게 최고의 상권을 가진 곳이지만, 상권이 넓고 도·소매상 간의 동선이 연결되어 있지 않아 시간과 비용이 많이 소요되는 곳이다. 아울러 선박을 통한 직항로가 없어 물류를 오사카나 후쿠오카를 통하거나 비행기로 가져와야 하는 등 소호무역상에게는 여러 불리한 조건들을 가지고 있다. 또한 오사카와 마찬가지로 동경도매상의 경우도 사업자 사본과 비즈니스명함, 점포사진 등 서류를 구비하여 출입증을 받지 않으면 출입이 되지 않는다.

### 1. 파르코(parco)

동경의 다른 백화점들에 비해 패션, 잡화, 미용용품이 특히 많이 전시되어 있고 분위기가 전체적으로 패션어블하고 현대적인 느낌이 나는 곳이다. 위치는 야마노테선 이케부쿠로역에서 가깝다.

• 홈페이지 : www.parco.co.jp

## 2. 아키하바라

일본 최대의 전기·전자제품 밀집상가이며 국내외에도 워낙 알려진 곳이다. 각종 전자·전기 전문상점이 집중되어 있고, 관련 도·소매 비즈니스 상담 및 구매가 가능해서 전자제품을 전문으로 발달했다. 하지만 지금은 건프라, 피규어, 에니메이션상품, 모형 등 취미용품의 메카로 더 알려져 있으며 라디오회관, 보크스, 애니메이트 등 전문매장들이 즐비하다. 위치는 야마노테센 아카하바라역 주변에 있다.

• 홈페이지 : www.akiba.or.jp

아키하바라

## 3. 도큐한즈

일본 전역에 매장을 두고 있는 도큐한즈는 아이디어상품, DIY 상품 등을 취급하는 전문백화점으로 동경에는 신주쿠, 이케부쿠로, 시부야, 다마카와 총 4개의 지점이 있다. 그 중에서도 이케부쿠로점이 가장 규모도 크고 취급 상품의 종류도 다양하다. 이케부쿠로점의 위치는 야마노테선 이케부쿠로역 동출구 부근에 있다.

- **홈페이지** : www.tokyu-hands.co.jp

## 4. 라포레 하라주쿠

지하 1층에서 지상 6층까지 의류를 전문으로 하는 전문몰이며, 일본 10~20대의 패션경향과 유행을 알 수 있는 곳이다. 연 2회에 세일을 하고, 10,800엔 이상을 구매하면 면세환급이 가능하다. 위치는 야마노테선 하라주쿠역 오모테산도 출입구에서 도보로 5분 거리에 있다.

- **영업시간** : AM 9:00~PM 10:00
- **홈페이지** : www.laforet.ne.jp

라포레 하라주쿠

## 5. 마스다(미용 및 패션용품 전문도매상)

마스다(MDM)는 미용, 화장품, 악세사리 등 패션소품을 전문으로 하는 도매상이다. 오렌지관, 블루관, 그린관의 3개관으로 구성되어 있고, 각 관마다 연결통로가 있어 쇼핑에 편의성을 주고 있다. 미용용품 및 패션소품을 전문으로 하는 상인들의 주된 코스이기도 하다. 위치는 소부선 바쿠로초역 부근에 있다.

- 홈페이지 : www.mdm-net.co.jp

## 6. 셀프 오니시(의류, 잡화 전문도매상)

마루미추, 고멘 등과 함께 의류, 잡화 전문도매상으로 잘 알려져 있고, 본사는 오사카 혼마치역 부근에 있다. 마루미추와 더불어 의류부분에서 저렴한 가격대를 가지고 있는 것이 특징이다. 동경점은 소부선 바쿠로초역 부근에 있다.

- 홈페이지 : www.self.co.jp

## 7. 탄바야(잡화 전문도매상)

탄바야는 잡화도매상으로 1층에서 5층까지 캐릭터, 잡화, 생활용품, 인테리어소품 등이 전시되어 있고, 각종 출입증이나 비즈니스를 위한 업무를 위한 사무실은 5층에 위치하고 있다. 인근의 에토와르보다 규모가 작지만 같이 둘러보면 유익하다. 위치는 소부선 바쿠로초역 부근에 있다.

• 홈페이지 : www.tanbaya1690.co.jp

## 8. 에토와르(종합 전문도매상)

소품, 의류, 잡화, 캐릭터 등 동경에서 가장 다양한 제품군을 취급하는 잡화 종합도매상이고, 소호무역상인들에게도 잘 알려져 있다. 리빙, 패션, 홈데코 등 3개관이 있으며, 패션관 맞은 편 서비스센터에서 도매상 출입증을 발급받을 수 있다. 홈페이지에서 취급하는 제품과 가격을 검색할 수 있는 서비스를 이용할 수 있으며, 위치는 소부선 바쿠로초역 4번출구 부근이다. 출입증 발급 후 일정기간마다 구매금액이 미달되면 출입증이 취소되어 대량구매가 가능한 상인 외에는 지속적인 출입이 힘든 도매상이다.

• 홈페이지 : www.etoile.co.jp

## 9. 네고로(가방, 핸드백 전문도매상)

가방과 핸드백, 잡화를 전문으로 하는 도매상이며, 오사카에 본점이 있다. 유명브랜드 핸드백, 가방제품이 유명해서 많이 입점이 되어 있고, 세일기간을 미리 알아두면 저렴하게 구매할 수 있다. 위치는 소부선 바쿠로초역 3번출구 부근이다.

• 홈페이지 : www.negoro.co.jp

## 10. 푸로르토 마루미추(의류 전문도매상)

오사카에 본점이 위치해 있고, 빈티지, 보세 등 각종 의류취급 전문도매상으로, 동경점에는 여성의류만 전문으로 하고 있는 것이 특징이다. 셀프와 더불어 의류전문상인들의 주된 거래처이고, 위치는 소부선 바쿠로초역에서 가깝다.

• 홈페이지 : www.proroute.co.jp

푸로르토 마루미추

## 11. 고뎀바 아울렛(일본 최대의 프리미엄 아울렛)

린쿠아울렛, 산다아울렛, 토스아울렛과 함께 첼시계열의 프리미엄 아울렛이다. 나이키, 아디다스 등 스포츠브랜드뿐만 아니라, 코치, 알마니 외 유명 명품브랜드도 입점해 있어서 명품 스포츠 의류와 신발을 전문으로 하는 상인들과 관광객들이 많이 방문하는 아울렛이다. 시즈오카현 고뎀바시에 위치하고 있는데, 시간이 많이 걸리는 것이 단점이다.

- 홈페이지 : www.premiumoutlets.co.jp
- 찾아가는 방법 : 신주쿠 역에서 오다큐선 로망스카 특급 아사기리를 타고 고템바 역에서 내린다(약 95분 소요). 고템바 역에서 무료 셔틀버스로 약 10분 거리이다.

<바쿠로초역 부근 도매상가정보>

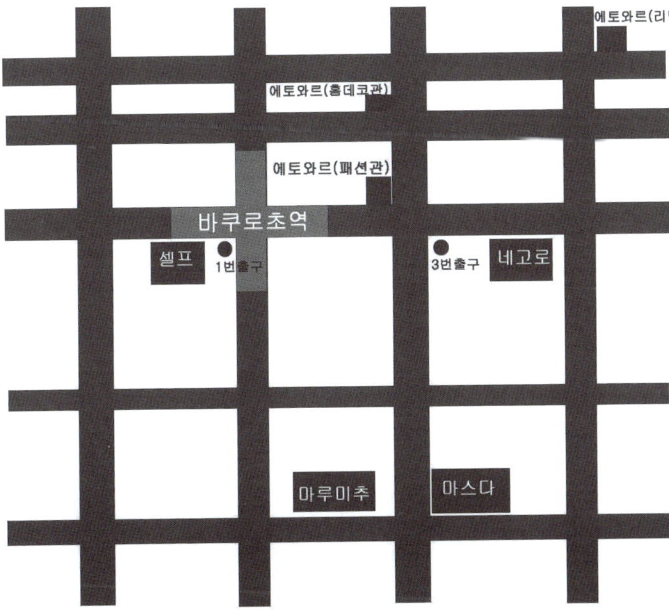

## 2.5 후쿠오카의 도 · 소매상

후쿠오카는 부산에서 가장 가까운 곳이고, 하카다까지 선박을 통한 직항로가 열려 있어 소호무역 활동을 하는 데 시간과 비용에 유리하다(단, 비틀이나 코스와 같은 쾌속선으로는 정상 통관업무가 불가능하다). 그러나 상권이 좁고 매장에 취급 상품이 동경이나 오사카에 비해 많이 부족하다. 도매상은 역시 앞에서 언급한 서류를 제출하여 출입증을 받아야 출입이 가능하다.

### 1. 판비 데라우치(복합도매상)

잡화, 인테리어, 소품 등 모든 분야의 제품들이 다양하게 구비되어 있는 복합도매상이다. 오사카지역의 본점에 비해 규모가 작고 취급상품이 부족하나, 한 공간에서 모든 것을 원스톱으로 구매할 수 있는 곳이다. 후쿠오카에서도 출입증이 발급 가능하며 위치는 하카다역에서 우편국 방향으로 가면 있다.

• 홈페이지 : www.fanbi.co.jp

## 2. 푸로르토 마루미추(의류 전문도매상)

의류와 잡화 분야에서 강점을 보이는 도매상이다. 오사카, 동경에도 매장을 가지고 있고 의류, 보세의류, 잡화를 전문으로 하는 상인들이 구매처로 이용하는 곳이지만 오사카에 비해 규모가 작다. 위치는 중심지에서 상당히 떨어져 있는데, 시외버스로 오로시가이간마에역에서 내려 도보로 5분 거리에 있다.

• 홈페이지 : www.proroute.co.jp

푸로르토 마루미추

## 3. 네고로(가방, 핸드백 전문도매상)

후쿠오카에도 네고로가 있으며 가방과 핸드백 분야에서 강점을 보이는 도매상이다. 중저가에서 고급 브랜드제품까지 다양하게 구비되어 있어서 가방과 핸드백을 취급하는 상인들의 중요한 구매처이다. 위치는 하카다역에서 캐널시티 방향에 있다.

• 홈페이지 : www.negoro.co.jp

네고로

## 4. 베스트전기

요도바시, 비쿠카메라와 더불어 대표적인 전기·전자 할인전문점이다. 전기·전자제품에 국한되지 않고 건강, 미용, 스포츠용품까지 다양하게 취급하고 있어 관련 용품에 관심이 있으면 꼭 들러볼 만하다. 텐진거리에 있는 본점과 후쿠오카 여러 곳에 지점이 있다.

• 홈페이지 : www.bestdenki.ne.jp

## 5. 망다라케(만화, 피규어 전문매장)

신품, 중고품만화, 만화CD, 만화캐릭터용품, 캐릭터완구, 피규어를 취급하는 취미용품 전문점이다. 오사카, 동경, 나고야를 비롯하여 일본 전역에 매장이 있고 점점 매장 수가 늘어나고 있다. 특히 중고 포함 피규어 등 취미용품 관련 쇼핑몰이나 전문매장을 운영한다면 가봐야 하는 곳인데, 위치는 텐진역 부근에 있다.

• 홈페이지 : www.mandarake.co.jp

## 6. 아카짱혼포(아동, 유아용품 전문점)

유아 및 아동용품에 대해서는 일본 최고의 유아용품 전문점이다. 품질이 좋고 전문적인 제품들이 많이 구비되어 있어 유아용품을 취급한다면 필수코스이다. 후쿠오카에는 마리나타운점, 이이즈카점, 리버워크 키타큐슈점 등 5곳에서 영업을 하고 있다.

• 홈페이지 : www.akachan.jp

## 7. 다이마루백화점 텐진점

텐진 중심가에 위치하고 있는 후쿠오카 다이마루백화점은 일본 전역에 지점을 두고 있는 대표적인 백화점으로 본관과 동관의 2개관으로 구성되어 있다. 명품, 악세사리, 유명잡화, 여성용품 등 다양하게 전시되어 있어 부근에 있는 미쯔코시와 이와타야백화점과 함께 관광객과 상인들이 자주 출입하는 곳이다.

## 8. 캐널시티

관광객들에게 잘 알려진 영화관, 쇼핑몰, 레스토랑 등이 모여 있는 복합 테마상가이다. 특히 다른 패션매장과는 다르게 브랜드 의류, 일본잡화브랜드, 액션스포츠, 메이저리그용품, 애견용품 등의 매장들이 입점해 있어 매니아층의 방문이 잦다. 위치는 하카다역에서 텐진역쪽으로 도보로 10분 정도 거리이다.

• 홈페이지 : www.canalcity.co.jp

캐널시티

## 9. 텐진코아(패션 전문쇼핑센터)

지하 2층에서 지상 8층까지 각종 패션전문점이 입점해 있는 전문쇼핑센터로 10~20대 취향의 브랜드의류 및 보세의류가 많이 구비되어 있어 유행과 패션아이템을 조사하기 좋은 곳이다. 위치는 텐진역 부근이다.

• 홈페이지 : www.tenjincore.com

텐진코아

## 10. JR하카다시티

한큐백화점, 도큐한즈, 레스토랑을 포함한 230여개의 전문매장을 가지고 있는 복합쇼핑몰로 꼭 들러보라고 권하고 싶다. 9~10층은 레스토랑이고, 지하 1층에서 지상 8층까지는 의류잡화매장이 입점되어 있어 다양한 볼거리와 먹거리를 제공하고 있다, 인근의 캐널시티와 함께 후쿠오카의 대표적인 쇼핑 및 위락공간으로 유명하다. 위치는 하카다역과 연결되어 있고 텐진까지도 백엔버스로 이동이 가능하다.

- 홈페이지 : www.jrhakatacity.com

## 11. 소라리아 스테이지(패션 전문쇼핑센터)

1층 화장품매장에서 패션, 생활잡화, 아이디어용품, 5층 건강용품까지 다양한 제품을 전시하고 있는 전문쇼핑센터이다. 특히 젊은 층이 좋아할 만한 다양한 아이디어용품과 미용용품이 구비되어 있어 젊은 층에서 인기가 많은 곳이다. 위치는 텐진역 이와타야백화점 옆인데, 지하의 식당가는 수 많은 종류의 식음료를 즐길 수 있는 곳으로 가격대비 맛도 양호하다.

• 홈페이지 : www.solariastage.com

## 12. 100엔샵

상인들뿐만 아니라 일반인들에게도 많이 알려진 매장으로 저렴한 가격에 아이디어 용품이나 품질이 좋은 생활용품들을 구매할 수 있는 곳이다. 쇼핑몰이나 멀티샵을 운영 중인 상인들이 사은품이나 판촉용품으로 많이 구매하는 곳이다. 100엔샵은 후쿠오카 내 곳곳에 있으나 하카다역 교통센터 5층의 다이소가 가장 규모도 크고 상품의 종류도 많다.

## 13. 임즈(ims)

지하 2층에서 지상 14층까지 악세사리, 인테리어, 건강·미용용품, 캐릭터, 애완용품, 명품의류, 잡화매장으로 구성되어 있고 각종 다양한 식음료를 즐길수 있는 복합쇼핑센터이다. 이색적이고 다른 쇼핑센터에서 흔히 볼 수 없는 제품들을 많이 출시하고 있는 매장이 많아, 최신 아이템이나 유행 흐름을 알 수 있다. 위치는 텐진역 부근에 있다.

• 홈페이지 : http://ims-tenjin.jp/

임즈

## 14. 요도바시카메라 하카다점(전기 · 전자 복합 전문매장)

후쿠오카 하카다에 위치한 요도바시카메라는 지하 1층에는 컴퓨터와 통신기기, 1층에는 화장품과 미용용품 · 기기, 2층에는 가전 · 게임기, 3층에는 카메라, 시계 등을 취급하는 매장으로 이루어져 있다. 4층의 식당가에 위치한 백엔스시는 가격대비 맛도 뛰어나 관련 상인뿐만 아니라 관광객들에게도 인기코스이다. 위치는 하카다역 뒤편에 있어 접근성도 좋은 곳이다.

• 홈페이지 : www.yodobashi-hakata.com

## 15. 도스아울렛(첼시계열의 프리미엄 아울렛)

구주지방 최대의 아울렛이며, 동경의 고뎀바, 오사카의 린쿠와 더불어 첼시계열의 프리미엄 아울렛이다. 프리미엄 아울렛의 특징으로 할인 폭이 일반 아울렛에 비해 크고 입점매장의 수 역시 많다. 규모나 입점한 매장의 수도 동경의 고뎀바아울렛과 오사카 린쿠아울렛에 비해서도 손색이 없다. 위치는 하카다역에서 도스역에 도착해서 셔틀버스로 15분 거리이다.

• 홈페이지 : www.premiumoutlets.co.jp
• 찾아가는 방법 : JR하카다역에서 쾌속으로 도스역까지 이동(30분), 노선버스로 도스아울렛까지 약 15분 소요

## <하카타역부근 도소매상가정보>

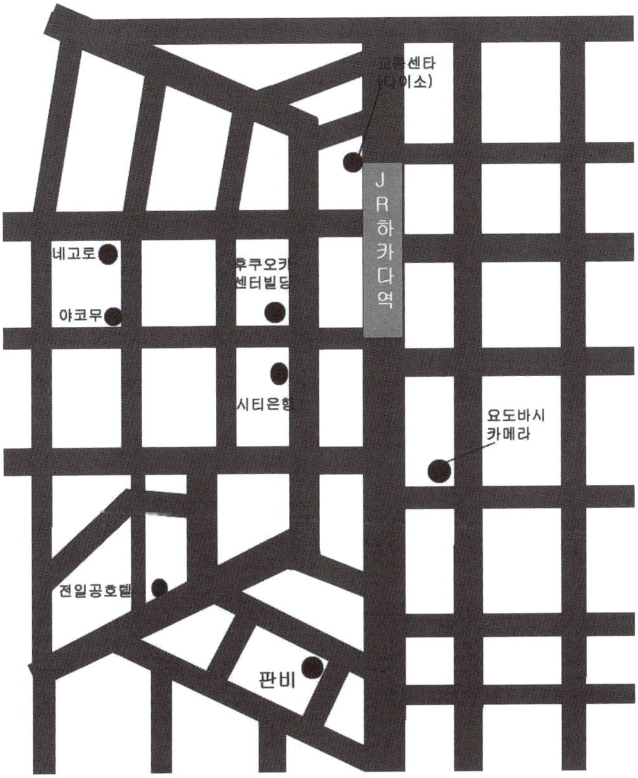

<텐진역부근 상가정보>

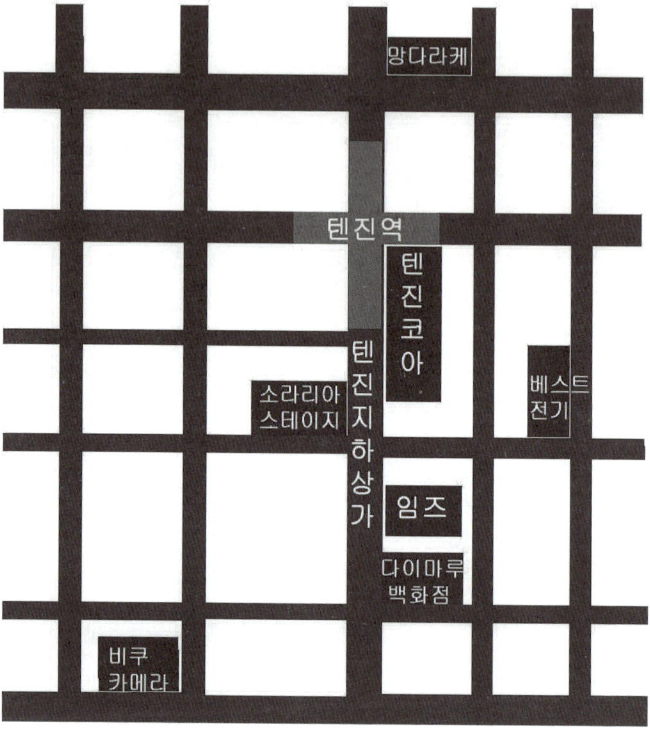

Small Office Home Office

# 3

# 일본 소호(보따리)무역 창업자를 위한 아이템 소개

# 3.1 중고 골프용품

국내에도 골프 대중화와 더불어 골프를 즐기는 인구도 늘고 있어, 국내보다 비교적 저렴한 중고 골프채나 용품은 일본병행직수입 아이템 중의 하나이다. 하지만 국내에서 필요한 상품은 현지에서 철저한 시장조사와 가격비교를 한 후 선별 구매하는 것이 필수이다. 국내 소비자들에게 인기가 있는 혼마, 투어스테이지, 테일러메이드, 젝시오, 마루망, 던롭 등의 다양한 브랜드를 취급하는 중고용품시장이 활성화되어 있다.

ゴルフマップ
GOLFMAP!
大放出セール
中古ゴルフ専門
ウッド・アイアン・ウェッジ・パター・キャディバッグ・etc.
高額買取!!

중고 골프용품

## 3.2 스포츠 및 캐주얼 브랜드 운동화

국내에서 인기가 많은 나이키, 아디다스, 언더아머, 미즈노, 오니츠카타이거, 디젤, 꼼데갸르송 등 스포츠 브랜드 신발이나 명품 캐주얼 신발을 아울렛이나 신발전문점 등에서 구매해서 국내에서 판매하는 방식이다. 보통 국내에서 인기가 있는 신발모델을 빠르게 수입해서 유통시키는 것이 이 아이템의 핵심이 아닐까 생각한다. 아울렛이나 전문점 외에도 라쿠텐이나 야후쇼핑 등 일본오픈마켓에서도 제품을 구할 수도 있다. 특히 스포츠 신발의 경우 일반 패션화에만 한정되지 않고 등산화, 축구화, 농구화 등을 구입한 후에 다양한 판로개척을 통한 판매전략도 좋은 방법이 될 수 있다.

men's

DIESEL
THE GLOBAL DIESEL
INDIVIDUALS MARKET RESEARCH

브랜드 운동화

## 3.3 인테리어 및 캐릭터소품

일본은 헬로키티, 리락쿠마, 도라에몽, 신지카토, 슈크레 등 다양한 캐릭터의 보고라고 할 수 있는 곳이다. 캐릭터를 이용한 팬시, 주방용품, 유아용품, 인테리어용품 등은 디자인과 실용성이 뛰어나서 국내에서 인기가 많다. 그래서 다른 아이템에 비해 인터넷쇼핑몰이 많아서 경쟁이 심하지만, 오프라인 점포를 병행하여 운영하면서 다른 인터넷쇼핑몰과 차별화를 두는 것도 좋은 방법이다.

인테리어 및 캐릭터소품

# 3.4 언더웨어 및 다이어트용품

다이어트용품과 언더웨어도 일본에서 다양한 제품이 출시되어 있어 선호되는 아이템이다. 국내 속옷이 몰드형식의 심플함을 강조한다면 일본 속옷은 다양한 레이스를 이용하여 화려한 디자인과 보정적인 효과를 주는 기능성 제품들도 있어서 국내에서 인기가 많다.

반면에 속옷은 전문몰만으로는 힘들고 미용, 다이어트, 건강 등 다른 아이템과 함께 활용해야 경쟁력이 있다.

대표적인 브랜드 속옷은 애메필, 라비주어, 피치존, 기능성 속옷은 군제, 스로기 등이 잘 알려져 있다. 다이어트&기능성용품도 롤러, 압박스타킹, 보정속옷 등 다양하고 세분화되어 있는 제품들이 풍부하고 국내수요가 많아 상인에게 인기가 높은 아이템이다. 단, 일본 남녀속옷의 경우 국내수요가 한정적이고 국내제품과 가격경쟁을 잘 고려해야 하는 분야이며, 특히 보세속옷은 피해야 한다.

언더웨어 및 다이어트용품

## 3.5 브랜드 의류 및 잡화

명품 의류 및 잡화는 버버리블랙, 버버리블루, 비비안웨스트우드, 꼼데갸르송 등 다양한 브랜드 의류를 비롯 손수건, 스타킹 등 잡화제품이 아울렛, 백화점, 전문매장 등에서 국내보다 저렴한 가격에 구매가 가능하다. 브랜드 의류의 특성상 제품 공급처가 다양하고 판매할 수 있는 경로도 다양해서 브랜드에 대한 인지도만 있다면 가장 쉽게 접근할 수 있는 아이템이다. 국내에 많이 알려진 브랜드를 취급하는 상인들도 많지만 매니아층을 이용하여 국내 런칭이 되어있지 않는 제품을 취급하는 상인들도 꽤 있으니 참조하자 .

브랜드 의류 및 잡화

## 3.6 스포츠 및 레저용품

생활수준이 높아지고 건강과 취미에 관심을 가지는 인구가 많아지면서 각종 레포츠나 운동, 레저활동을 하는 사람들이 늘어나고 있다. 일본 스포츠용품은 브랜드가 다양하고 품질이 좋아 많은 사람들이 선호하고 있다. 이에 따라 야구용품, 사이클, 스키용품, 해양스포츠, 낚시 등 각종 스포츠 및 레저용품의 동호회와 마니아층이 증가하는 추세여서 이 분야의 미래 전망이 밝다고 할 수 있다. 하지만 이 분야도 소비자들의 트렌드에 따라 수요층의 변동이 많은 분야라서 취급시 관련 아이템 시장조사가 반드시 선행되어야 한다.

待っているのは、世界の舞台。
Global Elite
Global Elite
Global Elite
Light & Tough
Light & Tough

OUTDOOR
35
OUTDOOR
Coleman
SOUTH FIELD
SOUTH FIELD

스포츠 및 레저용품

## 3.7 미용용품(네일) 및 화장품

시세이도, 가네보, 고세, 판클, DHC 등 일본의 화장품 유명브랜드에서 다양하고 기능성이 좋은 제품들이 많이 출시되어 일본뿐만 아니라 한국에서도 인기가 많은 제품들이 많다. 수입 판매시 유의할 점은 한국 내에 이미 라이선스 계약을 맺고 입점된 브랜드는 한국이 더 저렴하기 때문에, 입점이 아직 안된 브랜드를 중심으로 수입하는 것이 좋다. 하지만 화장품은 수입시 안점검사를 받아야 하기 때문에 자본력이 많지 않은 소호무역 상인들에게는 힘든 아이템이다.

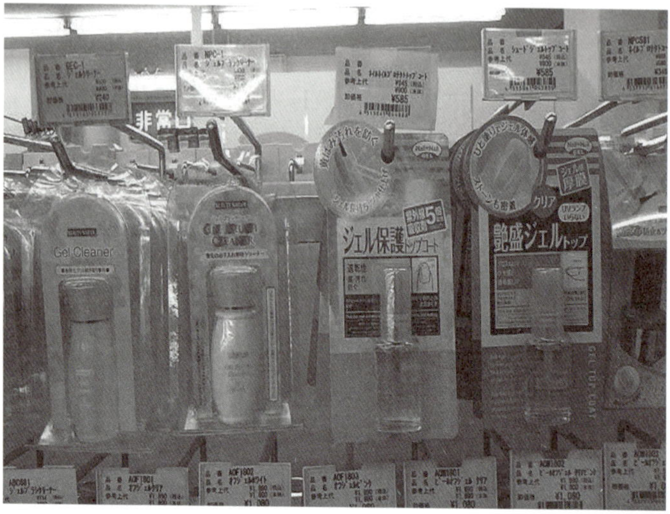
Gel Cleaner
ジェル保護トップコート
艶盛ジェルトップ
クリア
GEL TOP COAT

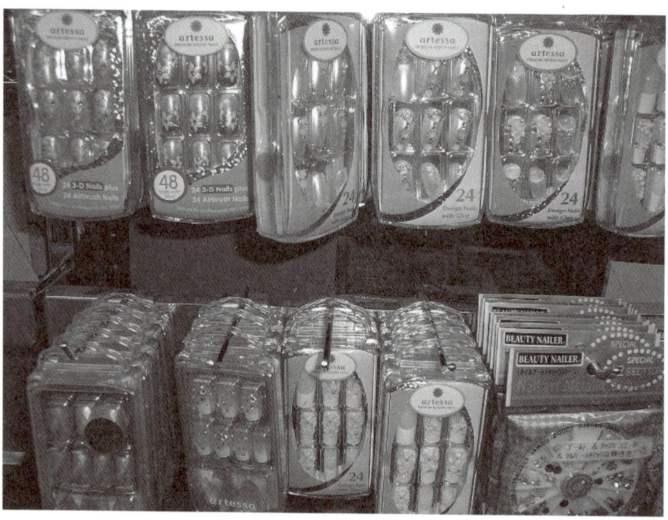
artessa
48
24 3-D Nails plus
24 Airbrush Nails
24
BEAUTY NAILER

미용용품

## 3.8 중고명품

일본은 샤넬, 루이비통, 구찌, 버버리 등의 명품브랜드의 유통 및 소비가 국내 대비 5배 정도 된다. 신품의 가격은 국내나 일본이나 비슷하지만 중고시장에서의 상품의 유통량이 많기 때문에 국내에 비해 저렴한 가격으로 구매할 수 있다. 단, 중고명품은 환율에 민감하기에 수입시 주의를 해야 한다. 일반적으로 수입한 상품은 자신의 온라인 매상 외 국내 오프라인 중고진문점이나 필웨이(www.feelway.com)와 같은 온라인에서도 판매를 한다.

중고명품

# 3.9 기타 아이템과 수입 · 판매시 주의할 사항

위에 소개한 아이템은 일본소호(보따리)무역 아이템 중 일부의 소개이며, 기타 일본생활용품, 위생용품, 완구, 건담. 프라모델, 피규어, 애견용품, 가구&생활 리사이링 제품, 중고악기 등 다양한 아이템군들이 있다.

특히 주의할 점은 수입 · 판매시 식품, 화장품, 건강식품, 식기류, 완구, 유아용품 등은 수입시 안전승인을 받아야 통관이 가능하다. 이러한 제품들은 소량 다품목을 주로 취급하고 자본이 취약한 소호무역 상인들이 직수입하기 불가능한 품목들이다.

그리고 전기안전법개정안 시행으로, 판매시 KC인증마크 부착대상 제품이 늘어났는데, 이러한 제품들은 반드시 사전에 안전승인을 거쳐 부착판매를 하거나 부착된 제품을 조달받아 판매하여야 한다. 역시 소규모 상인들의 경우 품목별 직접 KC인증마크 부착은 절차나 비용 부담으로 사실상 어렵다.

# 3.10 아이템별 유용한 일본사이트

• 일본오픈마켓

| | |
|---|---|
| 라쿠텐 | http://www.rakuten.co.jp |
| 야후쇼핑몰 | http://shopping.yahoo.co.jp |
| 일본아마존 | https://www.amazon.co.jp/ |

• 가격비교사이트

| | |
|---|---|
| 카가쿠 | http://www.kakaku.com |

• 일본유 · 아동복

| | |
|---|---|
| 샤리템플 | http://www.shirleytemple.jp |
| 사사리 | http://www.nissen.co.jp/index.htm |
| 미키하우스 | http://www.mikihouse.jp/ciao/shopping/index.asp |

• 일본유아용품

| | |
|---|---|
| 아카짱혼포 | http://www.akachan.jp/top.cfm |

• 유아용품메이커

| | |
|---|---|
| 피죤 | http://pigeon.info/syouhin/catalog/index.html |

• 유모차 · 카시트

| | |
|---|---|
| 콤비 | http://www.combibaby.com |
| 아프리카 | http://www.aprica.jp/ |

• 캐릭터용품

| | |
|---|---|
| 산리오 | http://www.sanrio.co.jp |
| San-X | http://www.san-x.co.jp/ |

• 스포츠용품

| | |
|---|---|
| 제트 | http://zett.jp/ , |
| ssk | http://www.ssksports.com |
| 미즈노 | http://www.mizuno.co.jp/, |
| 아식스 | http://www.asics.co.jp/ |

• 여자속옷

| | |
|---|---|
| 와코루 | http://www.wacoal.jp |
| 트라이엄프 | http://www.triumph.com/jp/ja/index.html, |
| 애메필 | http://shop.aimerfeel.jp/index.html |

• 일본의류

| | |
|---|---|
| 빔스 | http://shop.beams.co.jp |
| 유니클로 | http://www.uniqlo.com/jp/ |

• DIY백화점

| | |
|---|---|
| 도큐한즈 | http://www.tokyu-hands.co.jp/ |

무인양품　https://www.muji.net/store/

• 주방용품

홈스테드　http://www.axcis.jp/members/index-u.php,

데콜　http://www.decole.biz/index.html

신지카토　http://shinzikatoh.com/

• 백엔샵

캔두　http://www.cando-web.co.jp/home.html ,

다이소　http://www.daiso-sangyo.co.jp/

• 드럭스토아

마츠모토키요시　http://www.matsukiyo.co.jp/index.html

고쿠민　http://www.kokumin.co.jp/

다이코쿠　http://daikokudrug.com/

• 화장품

시세이도　http://www.shiseido.co.jp/

SK-2　http://www.sk-ii.jp

가네보　http://www.kanebo-cosmetics.co.jp/

• 일본백화점

한신백화점　http://www.hanshin.co.jp/depart

다이마루백화점　http://www.daimaru.co.jp,

미쯔코시백화점　http://www.mitsukoshi.co.jp

다카시마야백화점 http://www.takashimaya.co.jp/

한큐백화점 http://www.hankyu-dept.co.jp/

- 일본마트

저스코 http://www.jusco.com.hk/chi/index.htm

Small Office Home Office

# 4

# 상품의 판매 및 매출증대를 위한 마케팅 전략

# 4.1 홍보를 위한 이메일 및 문자의 발송

요즈음은 이메일과 휴대폰 문자를 통해 홍보하는 경우가 많은데, 수 백개 혹은 수 천개 이상의 이메일과 문자를 발송하기 위해서는 포스트맨(www.postman.co.kr)과 같은 전문사이트를 활용하는 것이 편리하다. 최근 포스트맨은 푸시피아와 함께 TAS(www.tason.com)로 업그레이드 되었으며, 주요 활용 방법은 아래와 같다.

(1) TAS(www.tason.com)에서는 대량 이메일 발송, 대량 SMS/MMS 발송, 대량 팩스 발송, 주소록 관리, 발송결과 확인, 프리미엄 서비스 등의 기능을 제공하고 있다.

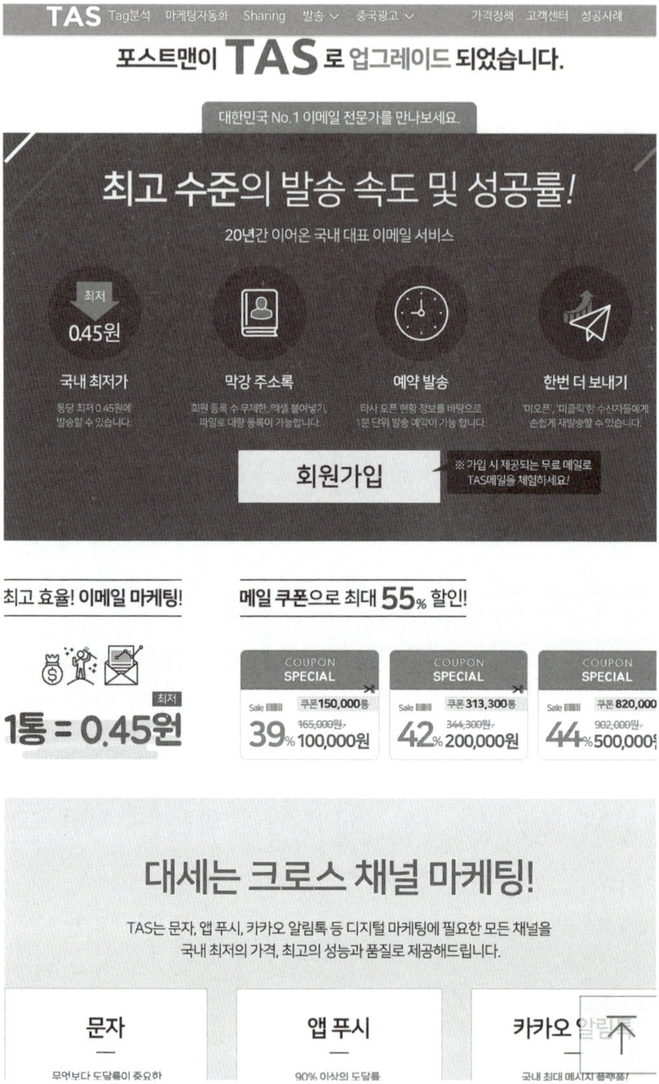
TAS Tag분석 마케팅자동화 Sharing 발송 중국광고 가격정책 고객센터 성공사례
포스트맨이 TAS로 업그레이드 되었습니다.
대한민국 No.1 이메일 전문가를 만나보세요.
최고 수준의 발송 속도 및 성공률!
20년간 이어온 국내 대표 이메일 서비스
최저
0.45원
국내 최저가
막강 주소록
예약 발송
한번 더 보내기
회원가입
※가입 시 제공되는 무료 메일로 TAS메일을 체험하세요!
최고 효율! 이메일 마케팅!
메일 쿠폰으로 최대 55% 할인!
최저
1통 = 0.45원
COUPON SPECIAL
39% 100,000원
42% 200,000원
44% 500,000
대세는 크로스 채널 마케팅!
TAS는 문자, 앱 푸시, 카카오 알림톡 등 디지털 마케팅에 필요한 모든 채널을
국내 최저의 가격, 최고의 성능과 품질로 제공해드립니다.
문자
앱 푸시
카카오

TAS의 초기화면

(2) 엑셀(Excel)을 이용하여 이름, 이메일 주소, 휴대폰 번호 등을 입력하여 파일로 저장한 후에 포스트맨의 [주소록]에 등록하면 되는데, 주소록 등록방법에 대해서는 [동영상 보기]를 클릭하면 자세하게 설명되어 있다.

① 엑셀에서 파일형식을 텍스트(탭으로 분리)로 저장한다.
② TAS(www.tason.com)의 [주소록]에서 새로 추가할 그룹명을 입력한 후에 [신규그룹 등록]을 클릭한다.
③ 이메일 주소를 등록할 그룹명을 선택한 후에 고객등록(대량)을 선택한다.
④ 구분자를 [탭]으로 지정한 후에 저장된 텍스트 파일을 찾아서 등록하면 된다.

(3) [메시지발송]에서 [이메일 DB링크발송]을 선택하면 주소록에 저장되어 있는 이메일주소로 이메일을 발송할 수 있는데, 이메일 주소 한 개에 1원을 지불하면 된다.

(4) [메시지발송]에서 [SMS/MMS DB링크발송]을 선택하면 주소록에 저장되어 있는 휴대폰번호로 문자를 발송할 수 있는데, 휴대폰 번호 1개에 10~50원을 지불하면 되고 제공쿠폰으로 절

반 정도 할인도 가능하다.

(5) [발송결과]에서 [메일발송리포트] 혹은 [SMS/MMS 발송리포트]에서 이메일 혹은 문자 발송의 결과를 확인할 수 있다. 아울러, 발송이 되지 못한 이메일 혹은 문자의 원인도 알 수 있다.

한편, TAS(www.tason.com)의 장점은 메일 혹은 문자의 도착 및 열람에 대해 확인을 할 수 있다는 것이다. 즉, 문자가 도착을 했는지 혹은 휴대폰 번호가 없어서 문자가 도착하지 않았는지에 대한 정보도 제공해 준다는 것이다.

## 4.2 카페(cafe)와 블로그(blog)를 운영하여 홍보

요즈음은 전통적인 형태의 홈페이지(혹은 웹사이트)보다는 각종 포털사이트에서 무료로 제공되는 블로그(blog, web log의 준말)와 카페(cafe)를 웹사이트로 활용하는 기업 혹은 창업자들이 늘어나고 있다. 또한 현재 홈페이지를 운영하고 있다고 할지라도 추가적으로 블로그와 카페를 개설하여 운영을 하게 되면 그 만큼 홍보 및 마케팅의 효과가 커진다는 것이며, 아무리 많이 개설해도 돈이 들어가지 않는다는 장점까지 있다는 것이다.

사실, 저자의 경우에도 블로그와 카페를 포함하여 32개 정도를 운영하고 있는데, 무료라는 장점 외에도 홍보효과가 매우 크다는 것이다. 사실, 32개의 사이트를 관리하는 데 많은 시간이 필요할 것이라고 생각할 수도 있지만, 똑 같은 글을 스크랩을 하거나 Ctrl+C를 이용하여 복사하고, Ctrl+V를 이용하여 붙이기를 하는 데 얼마의 시간이 걸리겠는가? 10분도 채 걸리지 않는다는 것이다. 만약에 100개의 블로그 및 카페를 운영하고 있다고 생각해 보자. 1시간 정도이면 100개의 사이트에서 내가 하는 일을 홍보할 수가 있다는 것이다. 아울러 얼마나 홍보효과가 클 것인가를 생각해 보면 될 것이다.

## 1. 카페를 개설할 수 있는 사이트

현재 다음(Daum)과 네이버(Naver)를 추천할 수 있는데, 카페를 개설하고 운영하는 기본적인 기능은 거의 비슷하다. 창업자의 입장에서 보면 적어도 다음과 네이버에서 동시에 개설하는 것이 좋으며, 아래와 같이 아이디를 동일하게 만드는 것이 가장 이상적이라고 할 수 있다.

① 다음 카페의 주소 : cafe.daum.net/아이디
② 네이버 카페의 주소 : cafe.naver.com/아이디
③ 홈페이지의 주소 : www.아이디.kr, www.아이디.com

카페를 한 번도 만들어 본 적이 없다면, 창업길라잡이(cafe.daum.net/isoho2jobs)의 [강의실(HTML/포토샵/카페/옥션&이베이&G마켓)]의 5~6번 글을 읽어보면 쉽게 만들 수 있다. 또한 가입회원이 10,000명이 넘는 카페들을 가입하여 꾸준히 벤치마킹을 하

는 것도 카페를 활용한 홍보를 효과적으로 진행하는 데 도움이 될 것이다.

또한 카페(cafe)는 기존의 홈페이지를 대신하여 사용할 수가 있다. 즉, 카페(cafe)를 개설한 후에 www로 시작되는 도메인을 구입하여 카페주소로 포워딩(forwarding)을 시키면 된다는 것이다.

## 2. 블로그를 개설할 수 있는 사이트

블로그의 경우에는 다음(daum), 네이버(naver), 구글(google), 이글루스(egloos), 고도(godo) 등에서 개설할 수 있는데, 카페를 만들 수 있으면 블로그를 만드는 것은 너무 쉬운 일이다. 블로그도 카페와 마찬가지로 창업 기업의 홈페이지로 충분히 활용할 수 있다.

## 3. 도메인 포워딩(domain forwarding)

도메인 포워딩 기능을 활용하면, 비교적 긴 카페 주소와 블로그 주소를 짧은 일차 도메인(www로 시작되는 도메인)으로 연결하여 사용할 수가 있는데, 도메인 구입업체에 요청하면 된다. 예를 들어, cafe.daum.net/isoho2jobs와 같은 긴 주소를 www.mis.or.kr로 간략하게 바꾸어 접속할 수 있도록 한다는 것이다.

# 4.3 소점포에서의 다양한 광고를 진행

소상공인 혹은 영세자영업자들의 경우에는 광고비에 많은 돈을 투자할 수 없는 실정이며, 이에 따라 적은 광고비로 최대한 효과를 올릴 수 있는 광고 전략이 필요하다. 소점포를 운영하는 창업자들이 이용할 수 있는 광고들은 다음과 같다 (김영문, 2011).

## 1. 전단광고

A4 1장 크기의 전단지를 만들어서 배포하는 것을 말하는데, 전단지는 신문 배달시 신문에 끼워 배달하는 방법, 고객을 직접 방문하여 배포하는 방법, 점포 앞에서 배포하는 방법, 박람회 혹은 행사 참가자들에게 배포하는 방법 등으로 구분할 수 있다.

## 2. 구매시점광고(POP, Point Of Purchase)

고객이 상품을 구매하는 장소에서 수행하는 광고를 말하는데,

일반적으로 벽면에 포스터를 붙여 놓은 방법, 상징적 물건을 설치해 놓은 방법, 음식점에서의 메뉴판 등이 있다.

## 3. 우편광고

우편을 통하여 광고를 하는 것인데, 아파트의 경우에는 단순히 아파트의 동과 호수만 적어도 발송이 된다는 이점이 있다. 하지만, 그렇게 대량으로 배달된 광고의 경우에 대해 많은 소비자들이 부정적인 반응을 보이고 있다는 것을 생각해야 한다.

## 4. 판촉물 광고

성냥, 열쇠고리, 달력, 포스트잇 등의 판촉물을 나누어 줌으로써 광고를 할 수 있는데, 고객의 특성을 분석하여 다양한 판촉물을 준비하는 것이 중요하다.

## 5. 인명부광고

전화번호부, 지역 내 상가 책자 등에 광고를 하는 방법이 있는데, 요즈음 상가 책자들의 종류가 워낙 많아서 발행부수 및 배부

처를 분석한 후에 광고게재를 결정하는 것이 좋다.

## 6. 구전광고

사람의 입을 통해 광고를 하는 것인데, 주로 주변의 인맥을 활용하게 된다. 구전광고는 고객이 오피니언 리더(opinion leader)인 경우에 특히 도움이 될 수 있다. 특히 여성들을 주고객으로 하는 창업인 경우에는 구전광고에 특별히 신경을 써야 한다.

## 7. 데몬스트레이션(demonstration)

상점에 온 고객들을 대상으로 상품의 특성이나 사용법을 알리기 위하여 데몬스트레이션을 하는 것도 소매업에서 효과적으로 이용하는 방법의 하나가 될 수 있는데, 소점포의 경우에는 동시에 방문하는 고객의 수가 제한되어 있어 실질적인 효과는 별로 없는 실정이다.

## 8. 디스플레이(display)

고객의 주의를 끌고 구매의욕을 일으키도록 상품을 진열하는 것을 디스플레이 혹은 진열이라 한다. 이러한 디스플레이를 효과적으로 이용하기 위해서는 대상상품, 대상고객, 색채, 장소, 조명, 레이아웃, POP광고 효과 등을 구체적으로 검토할 필요가 있다.

## 9. 특별 행사

소매점에서는 일정한 기간 동안에 특별 행사를 할 수 있다. 즉 새해맞이, 민속의 날 행사, 창립기념일, 입학, 졸업, 어버이날, 어린이날, 정기바겐세일, 사은 대매출 등 여러 가지 특별 행사를 할 수 있다.

# 4.4 언론을 활용한 홍보를 진행

## 1. 언론을 활용한 홍보를 적극적으로 진행

언론홍보는 기업, 단체 또는 관공서 등의 조직체가 커뮤니케이션 활동을 통하여 스스로의 생각이나 계획, 활동, 업적 등을 널리 알리는 활동을 말하는데, 광고의 대가를 지불하지 않는다는 특징이 있다. 즉, 신문, 잡지, 라디오, TV뉴스 등에 기업의 제품이나 서비스 혹은 기업 이미지를 뉴스거리로 제공할 수가 있다는 것이다(박진용, 2005.6.25).

사실, 창업기업의 경우에는 언론을 잘 활용하면 돈을 거의 들이지 않고도 엄청난 홍보효과를 기대할 수 있는데, 대부분의 벤처 혹은 창업보육센터 입주기업들의 경우에는 홍보를 전담하는 직원이 없는 실정이다. 또한 언론을 통한 홍보의 중요성은 인식하고 있지만, 언론에 부탁을 해야 한다고 생각하거나 많은 돈 혹은 든든한 인맥이 있어야 가능하다는 생각을 하고 있다. 하지만, 많은 언론 관계자들을 만나보면 기사거리가 될 만한 정보에 목

말라 하고 있으며, 좋은 기사거리를 늘 원한다는 것을 알 수 있다.

필자가 1998년부터 창업분야에 일한 경험을 토대로 언론을 활용한 홍보방법을 제시하면 다음과 같다. 사실, 일부 벤처기업들 중에는 언론에 기사 외의 다른 수단으로 접근하는 경우가 많은데, 그것은 잘못된 것이며 평생 동안 함께 갈 좋은 친구를 사귄다는 마음으로 언론에 접촉하는 것이 좋을 것이다.

(1) 언론에게는 좋은 기사를 준다는 생각을 가져야 한다. 일시적인 목적을 달성하기 위해 과장되거나 사실과 다른 자료를 언론에 보냈을 때에는 장기적으로 창업기업의 신뢰에 큰 손실을 감수해야 함을 생각해야 한다.

(2) 회사에서 신제품 및 신기술을 개발했거나 새로운 경영성과가 있을 때에는 보도자료를 작성하여 언론에 메일로 발송하면 된다. 이런 것도 보도가 되겠나 하는 부정적인 생각보다는 기자의 입장에서 판단할 수 있도록 맡기면 되는 것이다.

(3) 창업기업의 사회적 책임을 생각하고, 이윤추구 외 사회적 활동에 적극 참여한다. 요즈음 많은 벤처기업에서도 공익적 활동

에 참여함으로써 자사의 인지도 혹은 신뢰성을 높이는 활동에 적극 참여하고 있는 실정이며, 그렇게 함으로써 자연스럽게 언론에 노출될 수 있다는 것이다.

(4) 인터넷 언론을 효과적으로 활용하는 것은 매우 중요하다. 현재 국내에는 신문을 제작하는 언론과 인터넷에서만 존재하는 언론으로 구분할 수 있다. 인터넷 언론은 상대적으로 보도될 가능성이 더 높으며, 효과 또한 신문을 제작하는 언론사에 비해 결코 떨어지지 않는다. 현재 인터넷 언론사는 연합뉴스(www.yonhapnews.co.kr), 뉴스와이어(www.newswire.co.kr), 뉴시스(www.newsis.com), 프레시안(www.pressian.com) 등이 있다.

(5) 특정 언론사의 기사가 다음(Daum), 네이버(Naver), 야후(Yahoo), 구글(Google), 네이트(Nate) 등의 포털에 등록되는가 하는 것을 확인해야 한다. 이러한 포털에 기사가 등록되는 언론사가 상대적으로 더 효과가 있다는 것을 생각해야 하는데, 포털에 등록된 기사들은 포털 사이트가 폐쇄되지 않으면 영구적으로 기사 검색이 가능하기 때문이다.

(6) 카페(cafe)의 교육 및 행사를 언론에 보도하기 위해서는 사

업자등록을 하는 것이 필요하며, 아울러 카페를 이용하는 회원들이 신뢰할 수 있도록 하는 것이 중요하다.

## 2. 뉴스와이어와 뉴시스의 이해와 활용방법

창업을 하면 판매하는 상품과 서비스를 고객들에게 알려야 하는데, 돈이 많이 들어가는 광고보다는 언론홍보를 활용하는 것이 좋다. 우선 언론홍보는 고객들에게 신뢰를 주고 언론기사가 다음, 네이버, 야후, 네이트, 구글 등의 포털에서 검색이 되기 때문에 홍보의 범위가 넓으면서 효과가 오래 지속된다는 장점이 있다.

하지만, 초보창업자가 언론에 홍보를 한다는 것은 쉬운 일이 아니다. 특히 신문을 제작하고 있는 언론사에 기사를 게재하는 것은 매우 힘든 일이라고 할 수 있다. 그렇기 때문에 사이버 공간에 존재하는 언론사를 우선적으로 찾아보는 것이 좋은데, 처음에는 뉴스와이어(www.newswire.co.kr)와 뉴시스(www.newsis.com)를 활용하여 언론홍보를 시작해 보는 것도 좋은 방법이다.

### (1) 뉴스와이어(www.newswire.co.kr)

뉴스와이어에서는 기업의 보도 자료를 효과적으로 홍보할 수 있는 다양한 서비스를 제공하고 있는데, 보도 자료를 언론과 포털에 10회 단위로 보도 자료를 전송할 수 있는 쿠폰을 저렴한 가격에 미리 구입하여 사용하면 된다. 자세한 내용은 [서비스 안내] 메뉴에서 [보도자료 서비스]의 [서비스 신청]에서 확인할 수 있다. 뉴스와이어 서비스는 다음, 네이트, 구글에 보도 자료가 등록된다는 장점이 있다.

(2) 뉴시스(www.newsis.com)

뉴시스는 뉴시스와이어(www.newsiswire.co.kr)에서 보도 자료를 작성하고 배포하는 서비스를 제공하고 있는데, 보도 자료를 보낼 수 있는 포인트를 구매하면 된다. 예를 들어, 10포인트를 구매하는 데 200,000원을 지불해야 한다. 뉴시스의 보도자료들은 다음, 야후, 네이트 등의 포털 외에도 네이버에도 등록된다는 특징이 있다.

한편, 뉴스와이어와 뉴시스를 효과적으로 활용하기 위해서는 언론에 보도될 만한 것이 있어야 하는데, 다음과 같은 방법을 활용하면 효과적이다.

① 새로운 기술의 개발, 제품의 출시, 새로운 시장의 진출, 해외 수출 계약, 새로운 공장 및 시설의 설치 등 무엇인가 새로운 것이 있을 때마다 보도자료를 작성하여 배포한다.

② 보도자료를 배포할 때에는 반드시 관련 사진도 함께 등록한다. 또한 보도자료 내에 창업기업의 웹사이트 주소 및 전화번호를 반드시 포함시킨다. 그렇게 해야 보도자료의 효과가 장기간 지속될 수 있다.

③ 보도된 기사는 반드시 스크랩을 한 후에 회사의 웹사이트, 카페(cafe)와 블로그 (blog), 트위터, 페이스북 등에 다시 등록한다. 그렇게 하면 하나의 기사가 여러 개의 사이트에 등록되며, 그 만큼 홍보효과는 커진다는 것이다.

## 3. 언론에 보도된 기사의 활용

카페에서 진행하는 다양한 모임, 활동 및 교육에 대한 내용이 언론에 보도가 되었다면, 그 기사를 카페지기가 운영하고 있는 카페(cafe)와 블로그(blog) 등에 다시 등록하는 것도 홍보에 많은 도움이 된다. 이러한 측면에서 보면 카페지기는 다양한 종류의 카페, 블로그, 트위터, 페이스북 등을 운영하는 것이 필요하다는 것이다.

# 4.5 창업사이트의 접속을 늘리기 위한 키워드 광고를 진행

창업기업에서 운영하는 웹사이트, 인터넷쇼핑몰, 카페와 블로그 등 창업자가 운영하는 다양한 인터넷사이트에 많은 사람들이 접속하도록 하기 위해서 가장 효과적인 방법이 바로 키워드 광고라고 할 수 있다. 예를 들어, 네이버(Naver)에서 네티즌들이 '나이키'라는 키워드로 검색을 했을 때에 창업자가 운영하고 있는 나이키 신발을 판매하는 인터넷쇼핑몰이 상단에 검색되도록 해야 고객들이 많이 접속을 하게 되며, 상품 구매를 하게 된다는 것이다.

즉, 키워드 광고는 특정 키워드, 즉 검색어의 검색 결과에 관련 있는 업체광고를 게재하는 100% 타겟팅된 맞춤광고 서비스이다. 키워드 광고는 해당 키워드를 검색하는 고객에게만 사이트를 홍보할 수 있어 보다 잠재 구매력이 높은 고객을 자신의 사이트로 이끌어준다. 이러한 키워드 광고는 크게 두 가지 방식으로 설명할 수 있다(김영문, 2009).

## 1. CPC(cost-per-click)방식 광고

검색이 일어난 후에 노출되는 횟수에 상관없이 고객이 사이트를 클릭했을 때만 비용이 지불되는 방식을 말한다. 즉, 광고주가 원하는 금액만큼 일정금액을 먼저 예치시킨 다음에 키워드 검색의 결과에 사이트를 노출을 시키고, 링크되어 있는 사이트를 클릭했을 때만 클릭당 비용을 차감시켜 나가는 방식을 말한다. 오버추어, 구글의 스폰서링크와 네이버에서 진행하는 클릭초이스(파워링크, 비즈사이트) 등이 CPC 방식의 대표적인 사례들이다.

### (1) 오버추어(www.overture.co.kr) 광고

다음(Daum), 네이트(Nate), 야후(Yahoo) 등의 포털에서 검색결과 최상단에 노출되는 입찰방식의 광고로서 최상단 노출로 사이트의 신뢰도, 인지도를 높여주며 다수의 방문자를 기대할 수 있다. 이 광고의 장점은 다양한 검색어를 활용함으로써 다양한 고객들을 사이트로 유인시킬 수 있다. 2012년 12월 오버추어 광고사인 야후코리아의 철수로 현재 서비스는 되지 않으니 참고 바란다.

### (2) 스폰서 링크

특정 검색어의 검색 결과 첫 페이지에 '사이트 제목-사이트 설명' 형식으로 제공되는 광고로 최상단에 위치하며, 검색어별로 최대 5위까지 광고 영역을 제공한다. 스폰서 링크는 오버추어를 통해 서비스 신청을 하면 되었으나 역시 광고사의 철수로 서비스 제공은 중단된 상태다.

### (3) 클릭초이스

통합 검색 결과 첫 페이지에 위치한 비즈사이트 영역에 노출되는 키워드샵 상품으로 광고주가 직접 기술한 다양하고 정확한 홍보내용이 최대 3줄까지 반영된다. 게재되는 광고의 수는 키워드에 따라 5개 또는 10개까지 지정되어 있으며, 대표적인 국내 포털광고로는 '네이버-파워링크, 비즈사이트', '다음-프리미엄 링크', 등이 있다.

① **파워링크** : 특정 검색어 검색 결과 첫 페이지에 '사이트 제목-사이트 설명' 형식으로 제공되는 광고로 통합검색, 검색 결과 상단에 위치하며, 검색어별로 최대 10위까지 광고영역을 제공한다.

② **비즈사이트** : 특정 검색어 검색 결과 첫 페이지에 사이트의

부가정보와 함께 보여주는 광고로 파워링크 아래에 위치하며, 검색어별로 최대 5위까지 광고영역을 제공한다.

## 2. CPM(cost-per-mile)방식 광고

일정기간 동안에 진행되는 광고에 대해 고정금액을 정액제로 지정한 후에 노출과 클릭에 상관없이 그 금액만큼만 진행되는 광고 방식을 말한다. 이 광고의 장점은 일정기간 동안 그 금액만 지급하면 그 고정 자리를 유지하므로 특별한 관리가 필요 없다는 점이다. 국내 포털사이트에서 진행되는 광고로는 다음-스페셜 링크 등이 있다.

한편, 카페(cafe)의 홍보를 위한 키워드 광고는 다음(Daum)의 첫 화면 맨 아래에 있는 광고안내(☏1566-2100), 네이버(Naver)의 첫 화면 맨 아래에 있는 광고 · 제휴(☏1588-5896), 네이트(Nate)의 첫 화면 맨 아래에 있는 키워드 광고문의(☏1599-3401)에서 자세하게 알 수 있다. 사실, 키워드 광고를 처음 시작하려고 하는 경우에는 어떤 키워드 광고를 해야 할지를 잘 모르는데, 그러한 경우에는 전화로 상담을 받는 것이 필요하다.

또한 다음(Daum)과 네이트(Nate)가 2011년 6월부터 키워드 광고분야에서 제휴를 하고 있다(아이뉴스24, 2011.4.14.). 이에 따라 창업자의 사이트 주소를 알려주고, 어떤 키워드를 선정하는 것이 좋은지, 한 달에 얼마 정도의 광고비를 책정하는 것이 바람직한지 그리고 제휴 포털 간의 키워드 광고 진행방법 등에 대한 상담을 받는 것이 좋다. 아울러, 정기적으로 키워드 광고 사이트 내의 광고 효과 보고서를 살펴봐야 한다. 즉, 개별 키워드별로 노출횟수, 클릭횟수, 클릭률, 평균클릭비용, 총비용을 살펴보면서 특정 키워드 광고를 계획해야 할지 혹은 중단해야 할지를 판단해야 한다.

하지만, 아직도 일부 창업자들의 경우에는 그냥 광고대행사에 맡겨서 진행을 하는데, 그렇게 하는 경우에 키워드 광고를 잘 하는 요령을 배우기가 어렵다는 문제가 있다. 따라서 처음에는 월 5~10만원부터 시작하고, 키워드 광고에 대한 전문지식을 배워가면서 점차 광고비를 늘려가는 것도 좋을 것이다.

☞ 키워드 광고는 창업 사이트의 성격이나 추구하는 목표에 따라 달라지는데, 경쟁관계에 있거나 유사한 사이트가 키워드 광고를 어떻게 하고 있는가를 살펴보는 것도 도움이 된다.

☞ 네이버(Naver)에는 네이버쇼핑(shopping.naver.com)이라는 독특한 광고상품이 있는데, 가격비교 사이트의 역할도 하고 있어 소비자 검색비중이 높은데, [입점안내]에서 자세한 내용을 소개하고 있다. 다음(Daum)에는 쇼핑하우(shopping.daum.net)를 운영하고

있는데, 네이버(Naver)의 네이버쇼핑과 유사한 방식으로 운영하고 있다. 한편, 네이버쇼핑의 입점과 비용은 아래의 두 가지로 구분할 수 있다.

① CPC (Cost Per Click) 과금 : 네이버쇼핑은 상품구매 의사가 있는 이용자가 브라우징 또는 검색을 통해서 해당 상품을 확인하고, 상품을 클릭하여 입점사의 쇼핑몰로 넘어갈 때마다 일정금액(클릭당 단가)이 부과된다. 이러한 과금체계를 CPC 과금이라고 하며, CPC 과금은 상품이 등록된 카테고리별로 나누어 차등 적용된다.

② CPS Package 입점이란? : CPS Package 입점시 매월 고정비와 네이버쇼핑을 통한 매출액의 일정 %를 판매수수료로 부과한다. 입점을 하기 위해서는 쇼핑몰을 오픈한 지 6개월 이상되고, 성인용품이나 네이버에서 취급하지 않는 상품을 제외하면 입점이 가능하다

특히, 네이버의 검색 비중은 다른 포털사이트 전체보다도 높아 네이버의 노출은 필수적인데, 키워드 광고의 경우 저렴하지 않아, 검색어를 잘 선별해서 활용해야 한다. 또한 다음(Daum)의 경우 키워드 광고 외 카카오톡 광고도 활용할 수 있다. 덧붙여 최근 소자본창업자의 경우 쇼핑몰보다 오픈마켓(스마트스토어, 옥션, G마켓, 11번가 등)에서 창업이 더욱 활발한데, 각각 자체 기본광고를 적절한 범위에서 잘 활용할 필요가 있다.

## 4.6 동영상(UCC)을 활용한 홍보

창업자가 홍보를 하고 싶은 점포, 전자상거래 사이트뿐만 아니라 카페(cafe)의 홍보를 위한 다양한 동영상(UCC)을 제작하여 웹사이트에 등록할 수 있다. 이를 위해서는 먼저 다음과 같은 세 가지의 방법으로 동영상(UCC)을 만들 수 있다.

(1) 디지털카메라로 영상을 촬영한 후에 디지털카메라를 컴퓨터에 USB케이블로 연결하면 자동적으로 동영상 파일이 만들어진다. 화소(picture element)가 높은 디지털카메라의 경우에는 캠코더보다 오히려 더 선명한 영상을 촬영할 수 있다.

(2) 캠코더(camcorder)를 사용하여 영상을 촬영한 후에 캠코더의 구입시에 제공되는 소프트웨어를 활용하여 동영상 파일로 만들 수 있다. 하지만, 초보자의 경우에는 캠코더를 활용한 동영상의 제작은 쉽지 않기 때문에 앞에서 설명한 디지털카메라를 활용하는 것이 편리하다.

(3) 모든 컴퓨터에 내장되어 있는 무비메이커(Windows Movie Maker)를 활용하여 동영상을 만든 후에 파일로 저장한다(베타뉴스, 2011.9.02). 무비메이커는 컴퓨터의 [시작]에서 [모든 프로그램]을 클릭하면 확인할 수 있다.

또한, 홍보용 동영상(UCC)을 만든 후에는 여러 사이트에 등록하면 되는데, 아래와 같은 사이트에 등록하면 홍보효과가 크다. 또한 아래의 사이트에서는 창업자가 등록한 동영상(UCC)을 얼마나 플레이(혹은 view)되었는가에 대한 통계자료도 제공하고 있다.

(1) 다음의 TV팟(tvpot.daum.net) : '마이팟' 메뉴에서 등록한 전체 동영상을 볼 수 있으며, 몇 번이나 플레이(play)가 되었는지에 대한 통계도 제공하고 있다.

(2) 네이버의 카페(cafe) 혹은 블로그(blog)

(3) 네이트 동영상(video.nate.com)

(4) 판도라TV(www.pandora.tv)

(5) 유튜브(www.youtube.com) : 'insight' 메뉴에서 전체 동영상의 뷰(view)에 대한 통계를 제공하고 있다. 유튜브(www.youtube.com)에 동영상을 등록하면, 아래의 5개 웹사이트에 자동으로 등록된다. 이를 위해서는 사전에 아래 사이트들에 가입을 해 두어야 한다.

① Facebook(www.facebook.com)

② Twitter(www.twitter.com)

③ Reader

④ Orkut(www.google.com/accounts/ServiceLogin?service=orkut)

⑤ MySpace(www.myspace.com)

한편, 동영상(UCC)을 만든 후 용량이 100M를 초과하여 포털에 등록할 수 없는 경우에는 팟인코더(tvpot.daum.net/application/PotEncoder.do)를 사용하여 용량을 줄일 수 있다. 아울러 팟인코더는 긴 영상에서 필요한 부분만 자르거나 여러 개의 영상을 합치고 싶을 때, 또 동영상의 앞뒤에 오프닝과 엔딩을 삽입할 수도 있는 기능도 제공하고 있다(케이벤치, 2010.2.23). 한편, 팟인코더를 사용할 때의 고려사항은 다음과 같다.

① 여러 개의 동영상을 불러서 한꺼번에 용량을 줄일 수 있다.

② 인코딩 옵션에서 '100M인코딩'을 선택해야 한다.

③ 저장폴더에서 인코딩된 동영상을 저장할 폴더를 지정해야 한다.

# 4.7 소셜 네트워크 서비스(SNS)에서 홍보하기

먼저 소셜 네트워크 서비스(Social Network Service ; SNS)는 온라인 인맥구축 서비스이다. 즉, 1인 미디어, 1인 커뮤니티, 정보 공유 등을 포괄하는 개념이며, 참가자가 서로에게 친구를 소개하여, 친구관계를 넓힐 것을 목적으로 개설된 커뮤니티형 웹사이트이다(위키백과, ko.wikipedia.org).

이러한 소셜 네트워크 서비스는 창업자의 카페(cafe) 외에도 점포 혹은 인터넷쇼핑몰 등을 홍보하는 데 매우 유용하게 활용될 수 있는데, 창업자가 가입한 소셜 네트워크 서비스뿐만 아니라 다른 사람들이 가입한 소셜 네트워크 서비스를 공동으로 활용하여 창업자의 카페를 홍보할 수 있다.

현재 대표적인 소셜 네트워크 서비스(Social Network Service ; SNS)의 종류는 다음과 같다. 이러한 사이트들에 가입하여 활용방법을 습득한 후에 어떻게 사용하는 것이 홍보에 도움이 되는지를 파악하는 것이 필요한데, 최근 소셜 네트워크 서비스의 이용자가 급속하게 증가하고 있는 실정이다. 예를 들어, 트위터 · 페이스북은 페이지뷰 기준으로 2010년 1월에서 2011년 8월까지 수십배 이상 트래픽이 증가하고 있는 것으로 조사되었다(뉴스토마토, 2011.09.16).

① 트위터 : www.twitter.com
② 페이스북 : www.facebook.com
③ 미투데이 : www.me2day.net
④ 한국어트위터 : www.twtkr.com)
⑤ 기디(인스타그램, 카카오스토리 등)

주요 소셜 네트워크 서비스(Social Network Service ; SNS) 중 페이스북에서 창업자의 카페(cafe)를 홍보하는 몇 가지 방법을 소개하면 다음과 같다.

① 노트(앱)를 설치하여 홍보를 하면 좋은데, 노트(앱)는 일종의 게시판과 같은 기능을 갖고 있어서 다양한 글을 등록할 수 있는데, 홍보 글 아래에 카페 주소를 입력하는 것도 필요하다.
② [이벤트]에서 [이벤트 만들기]를 클릭하여 모임, 교육 및 행

사에 대한 정보를 등록할 수 있다.

③ [사진]을 클릭한 후에 [동영상 올리기]를 활용하여 홍보하고 싶은 내용에 대한 동영상 (UCC)을 제작하여 등록할 수 있다.

④ [담벼락]은 일종의 [한 줄 메모장]과 같은 기능을 갖고 있는데, 홍보할 내용을 등록하면 된다.

## 4.8 사이트의 주소를 포함시키기

평소에 자주 접속하는 웹사이트에 글을 등록할 때에는 반드시 창업자가 운영하고 있는 웹사이트의 주소도 함께 등록하는 습관을 가지는 것이 필요하다. 예를 들어, 페이스북(www.facebook.com)에서 노트 앱을 추가하여 다양한 주제의 글을 등록할 때에도 웹사이트의 주소를 포함시키게 되면 글을 읽은 페이스북 친구들이 창업자의 웹사이트에 접속할 수 있다는 것이다. 또한 유튜브(www.youtube.com)에 동영상(UCC)을 등록할 때에도 설명부분에 웹사이트 주소를 포함시키는 것이 필요하다.

Small Office Home Office

# 5

# 일본 소호무역에 관한 FAQ

# 5. 일본 소호무역에 관한 FAQ

*Q1* 소호무역을 하려면 사업자등록을 해야 하나요? 또 사업자 외에 추가로 허가나 신고할 사항은 없나요?

*A1* 상품을 수입 및 통관을 하려면 반드시 사업자등록증이 필요합니다. 한두 번 정도 일시적으로 수입 및 통관을 하면 지인 등 타인의 사업자 명의로 수입이 가능하지만 지속적으로 무역을 하려면 본인 이름의 사업자가 꼭 필요합니다. 무역업이 2000년 1월 1일자로 허가제에서 신고제로 바뀌었기 때문에 수출입을 하실 경우에도 사업자등록만 되어 있으면 됩니다.

*Q2* 사업자등록은 어떻게 하고 인터넷쇼핑몰을 하게 되면 통신판매업 신고도 해야 한다고 하던데요?

*A2* 사업자등록을 하려면 사업장 소재지 관할세무서에 가서 사업자등록신청서 1부, 주민등록등본 1부, 임대차계약서 1부(사업장 임대한 경우)만 있으면 되고, 법인기업인 경우

는 추가로 법인등기부등본, 정관 및 주주명부를 제출해야 합니다. 집을 사업장으로 하실 경우에는 임대차계약서는 필요치 않습니다.

인터넷쇼핑몰을 기준으로 보통 업태란에 소매, 종목란에 전자상거래를 기재합니다. 통신판매업신고는 인터넷쇼핑몰, 오픈마켓 등 통신판매 영업을 하고자 할 때 신고방법은 사업자등록증 사본 1부, 통신판매업 신고서 1부, 도장, 신분증을 가지고 지역경제과에 신청하면 됩니다. 법인의 경우는 법인등기부등본이 추가됩니다.

인터넷쇼핑몰 사업자가 통신판매업 신고가 없이 영업을 하게 되면 영업정지 처분과 무거운 과태료가 부과되기 때문에 반드시 필요한 신고입니다. 간이과세자는 면세라고 이 사항을 지키지 않는 사업자가 많이 있는데, 매출이 크게 증가되어 일반과세자(연매출 4,800만원 이상)로 갑자기 되었을 때 통신판매업 신고가 안 되어 행정 처분을 받는 경우가 발생합니다. 간이과세자부터 통신판매업 신고를 해놓는 것이 정석입니다.

*Q3* 일본에서 수입을 해서 오프라인이나 인터넷쇼핑몰에서 판매하고 싶은데, 수입아이템은 어떻게 개발하는 것이 좋

을까요?

**A3** 소호무역을 하면서 가장 힘든 것 중에 하나가 처음에 아이템을 정하고 개발하는 것입니다. 하지만 아이템을 빨리 찾을 수 있는 지름길은 없다고 봐야 됩니다. 아이템을 정한 예를 간단하게 들면 첫 번째는 예전부터 잘 알고 있든지 아니면 직장 등에서 취급했던 아이템을 정해서 수입국의 공장이나 도매상을 접촉을 해서 아이템을 정한 경우도 있고, 두 번째는 연수나 시장조사를 통해 수입아이템을 개발하는 경우가 있습니다. 아이템 선정에서 가장 중요한 것은 초보단계에는 남들이 많이 하는 제품을 쫓아야 하지만 추후 쉽게 접근할 수 있는 아이템보다는 관심이 있는 분야에서 남들보다 빨리 혹은 남들이 쉽게 할 수 없는 아이템을 추가하거나 선택하는 것이 성공으로 가는 지름길이 아닐까 합니다.

**Q4** 하나의 사업자등록증으로 수입매장과 인터넷쇼핑몰을 여러 개 할 수 있나요? 아니면 각각 사업자등록을 해야 하나요?

**A4** 인터넷쇼핑몰은 종목이 전자상거래입니다. 하나의 사업자등록증으로 여러 가지 품목을 다 취급할 수 있으며, 인터넷쇼핑몰의 개수는 전혀 상관이 없습니다. 또한 G마켓

이나 11번가 같은 오픈마켓도 병행이 가능합니다. 오프라인매장을 할 때에는 주로 취급하는 품목을 종목에 추가만 하시면 됩니다.

Q5 지금 국내에 수입되어 있는 샤넬이나 Ck제품 등을 현지에서 수입해서 인터넷쇼핑몰 통해 팔수 있는지, 팔수 있다면 수입절차는 어떻게 하면 되나요?

A5 병행수입이 가능한 제품을 인터넷쇼핑몰에서 판매할 경우는 별다른 제약사항은 없습니다. 수입국의 상표권자와 국내의 상표권자가 다르거나, 외국의 그 상품의 상표권을 국내의 사용권자에게 전량 수입이나 국내에서 제조·판매할 수 있는 독점 라이센스를 주는 경우를 제외하고는 수입국의 유통업체를 통해서 수입해서 팔아도 법에 저촉되지 않습니다. 이것이 병행수입(parallel imports)이라는 것입니다. 제품의 병행수입 가능 여부는 관세청 홈페이지(www.customs.go.kr)에서 볼 수 있으며, 홈페이지에 접속하여 HOME > 통관종합서비스 > 조회서비스 > 수입통관관련 > 상표권등록정보를 보면 됩니다.

**Q6** 보세의류 온라인쇼핑몰을 창업하고 싶은데요. 사이트 구축방법과 절차가 어떻게 하면 되나요?

**A6** 아이템을 이미 선택했다면, 우선 원하는 도메인을 등록하시고 사업자등록, 통신판매업 신고를 하고 인터넷쇼핑몰 사이트를 만드시면 됩니다. 사이트는 보통 임대형쇼핑몰(ex. 메이크샵, 까페24, 고도몰 등)을 많이 사용합니다. 임대형쇼핑몰은 쇼핑몰을 하기에 최적화되어 있어 사용자가 간편하게 구축할 수 있는 방식입니다. 처음에는 기본적인 디자인만 되어 있기 때문에 디자인 비용을 추가하든지 아니면 직접 하든지 디자인 작업을 한 후에 제품을 올립니다. 제품을 사진촬영 및 편집을 해서 사이트에 어느 정도 올리면 에스크로 및 PG사 즉, 전자지불대행사에 연락을 해서 카드결제가 되게 신청합니다. 신청이 완료된 후에는 광고계획을 세워서 효율적인 광고를 하시면 거의 절차가 끝납니다.

그리고 오픈마켓(ex. 옥션, G마켓, 11번가, 스마트스토어 등)에 입점해서 자신의 스토어를 개설하여 일정액의 판매 수수료를 지불하고 판매하는 방법이 있는데, 개설과 올린 상품의 노출도 손쉬워 최근에는 이 경로를 통한 온라인 신규창업이 활발합니다.

*Q7* 일본의 백화점은 세일기간이 있다고 들었는데요, 언제인가요?

*A7* 일본의 백화점은 일 년에 보통 2번 정도를 합니다. 1월과 7월에 진행을 하고 골든위크(4월말~5월초)에도 세일을 진행합니다. 할인율은 많이 될 때 특정제품은 60% 까지도 됩니다. 이런 세일기간에 브랜드 제품을 싸게 구매해 한국에서 판매하는 상인들도 많이 있습니다. 세일기간이 조금씩 변동이 있을 수 있기 때문에 항상 해당 사이트를 방문해서 알아두는 것이 좋습니다.

*Q8* 벼룩시장 형식의 프리마켓이 있다고 하는데요, 어디에서 열리고 프리마켓의 제품을 가져와서 팔면 어떨까요?

*A8* 프리마켓은 중고상품을 판매하는 큰 장터를 이르는 말로 나오는 물품은 보통 골동품, 빈티지제품, 구제의류 등 무궁무진한 제품들이 거래되고 있습니다. 구제의류나 빈티지소품을 전문으로 하는 상인들이 많이 참가합니다. 입장료가 있고 보통 직장인들이나 학생들이 쉬는 공휴일이나 일요일에 열립니다. 오사카에서는 부두와 가까운 오사카항과 WTC 코스모타워 앞에서 자주 열립니다.

- (주)프리마켓(www.freemarket.co.jp)

- 프리마옥션(furima.rakuten.co.jp)
- 고베 프리마켓협회(www.kobe-frema.com/ie/index.html)
- 리사이클 운영 시민회(www.recycler.org)

*Q9* 국제우편(EMS)이나 특송(페덱스, DHL 등)을 이용한 수입시 면세한도는 얼마까지 인가요? 현지에 있는 지인이 보내주는 것은 어떻게 되나요?

*A9* 해외에서 발송된 우편물은 국제우체국을 통해서 통관절차가 이루어집니다. 운송료를 포함해서 15만원 이하의 자기사용 용도제품에 한해서만 면세 처리되어 수취인에게 배달됩니다. 과세가격이 15만원 이하라고 하더라도 판매목적으로 인정되거나 음란CD 및 만화, 음란매체, 성인용품 등은 통관이 금지되며 검역품인 화장품, 의약외품, 식품 등은 3~5개 이내로 허용됩니다. 15만원 이상인 과세대상은 영수증이나 인보이스를 토대로 금액을 정확하게 계산한 후 관할우체국을 통해서 세금을 부과합니다.

*Q10* 일본에서는 물건을 구입 후 부가세 개념인 소비세를 면세 환급해 준다고 하는데 어떻게 환급받나요?

*A10* 일본 전자매장, 면세점, 백화점에서 10,800엔 이상, 드럭

스토어는 5,400엔 이상 구매시 그 금액의 8% 금액을 환급해주는 것이 소비세 환급입니다. 아울렛, 일반매장, 도매상에서는 해당이 되지 않으나 최근 아울렛이나 일반매장에서는 면세점이 늘어나 면세(duty free)라고 되어 있는 매장이 많습니다. 환급받는 방법은 구매영수증과 여권을 제시하면 환급해 주고 여권에다 환급받은 금액 영수증을 첨부해 줍니다. 일본에서 상품구매시 면세가 가능한 매장인지 꼭 확인하고 가능하면 꼭 받는 것이 좋습니다.

*Q11* 주방용품과 캐릭터소품을 수입해서 오프라인매장을 계획중에 있습니다. 알아보니 플라스틱, 유리그릇, 도자기류는 수입시 검역을 받아야 한다고 합니다. 예를 들어 똑같은 모양의 컵 10개와 똑같은 브랜드인데 디자인만 틀린 접시 6개가 있다면 각각 받는지 어떻게 하는 것인가요?

*A11* 2009년 1월 1일부터 식기류는 선검역 후통관으로 변경되었는데요. 디자인이 똑같고 품번이 똑같은 제품에 한해서만 대표로 1개씩 검역을 받고, 품번이나 디자인이 틀리면 모두 검역을 받아야 합니다. 그래서 한두 가지 품목으로 여러 개를 수입하는 것이 좋습니다. 검역품은 소

호무역업자에게는 다양한 품목을 직수입하여 판매하기는 사실상 불가능하고 비교적 자금력이 있는 유통규모 정도 무역상인들의 아이템입니다.

**Q12** 일본소호무역을 하려면 일본어를 할 줄 알아야 하나요?

**A12** 일본도 소매상이나 기타 온라인 오픈마켓에서 현지 상권 시스템이 아주 잘 되어 있어 일본어를 몰라도 번역기와 현지 지리와 시스템을 잘 배워서 익히고 활용하면 크게 어려움은 없습니다. 하지만 자신이 원하는 요구조건이나 상담 또는 거래처 개발 등을 원활히 하려면 적정 수준의 일본어가 필요할 수가 있고, 특히 특정분야에서 전문가나 가이드를 꿈꾸는 젊은 창업자들에게는 필수이니 공부를 해야 합니다.

**Q13** 일반 매장이나 온라인마켓에서 판매물품에 KC인증 부착을 해야 하는 품목이 있다던데 관련된 전안법이 뭔지 알고 싶어요?

**A13** 전안법은 전기용품 및 생활용품의 안전관리에 대한 사항을 규정한 법입니다. 2017년 1월말부터 시행된 전기용품 및 생활안전용품 KC인증 부착은 2018년 1월 일부 개정

을 통해 판매자가 KC부착제품을 위반하여 판매·대여·중개·보관·구매대행을 할 경우 상당히 무거운 벌금 등 제재를 받습니다.

예로서 생활안전용품 중에서 유아용품, 완구, 물놀이 용품, 위생용품 등 외 상당 제품들이 KC인증을 받아야 하며, 관련제품 사항의 상세내역은 국가기술표준원(http://www.kats.go.kr/main.do)에서 확인이 가능합니다.

# 참고문헌


광양만신문, "광양항 카페리호에서 지역경제 활성화 전략을 찾는다", 2011.8.26

김영문, 창업학, 법문사, 2009

김영문, 창업길라잡이, 집현재, 2011

뉴스토마토, "카페 · 블로그 지고, SNS · 메신저 뜬다", 2011.9.16

머니투데이, "'외톨이' 네이버, 검색독주 막내리나", 2011.4.18

박진용, 언론과 홍보, 한국케이블TV방송협회, 2005.6.25

베타뉴스, "동영상과 사진만 있으면 작품이 뚝딱! 윈도우 라이브 무비 메이커", 2011.9.2

시사저널, "세대교체한 '보따리상' 옛 전성기 되찾는가", 2009.11.11

시사저널, "고객 감동시킬 '메이드 인 재팬' 찾아 18시간 뱃길, 낯선 거리를 뛴다", 2009.11.11

시사저널, "일본 보따리상, 모두 웃지는 못한다", 2009.11.11

아이뉴스24, "다음-네이트 맞손, 네이버 검색광고 독주에 '브레이크'", 2011.4.14

케이벤치, "재능과 독특함으로 알바를 하는 컨텐츠거래 사이트 아이끼 닷컴(www.i-kki.com) 출범", 2011.10.10

관세청, www.customs.go.kr

광양만신문, gynews.yestv.co.kr

네이버 백과사전, 100.naver.com

다이소, www.daiso.co.kr

시사저널, www.sisapress.com

위키백과, ko.wikipedia.org

일본창업연구소, cafe.naver.com/limdk325

팬스타, www.panstar.co.kr

## 저자 소개

### 김영문(金榮文, Kim, Young-Moon, 少月)

영남대학교 경영학과 졸업
경북대학교 대학원 경영학과 수학
미국 캔사스주립대학교 경영학 석사학위(MBA) 취득
미국 미시시피주립대학교 경영학 박사학위 취득
(경영정보시스템 전공, 컴퓨터과학 및 계량경영학 부전공)
현, 계명대학교 경영대학 경영정보학과 교수
사랑나눔회(대구광역시 인가 비영리민간단체) 회장
사단법인 한국소호진흥협회 설립자(1999년)
계명대학교 벤처창업보육사업단 단장 역임
다음(Daum) 뉴비즈니스연구소
(cafe.daum.net/isoho2jobs) 카페운영자
네이버(Naver) 뉴비즈니스연구소
(cafe.naver.com/ihavetwojobs) 카페운영자
[한국 창업시장 움직이는 50인]에 선정
대구경북창업카페연합회 회장
사회복지사 자격증 및 ISO(9001/14001) 국제심사원 자격증
계명대학교 창업지원단 단장 역임

### 임동근

전, 현대자동차 기술연구소 근무
현, 네이버카페 일본창업연구소(http://cafe.naver.com/limdk325) 운영자
김영문교수의 창업길라잡이 일본소호무역 교육 · 컨설팅 담당
대구경북창업카페연합회 일본소호무역 교육 · 컨설팅 담당
현대중공업 문화센터 울산창업지원센터 일본소호무역 전임강사
기타 언론사, 소상공인지원센터, 대학, 고교, 여성센터, 소호진흥협회
자활단체 등 일본소호무역 창업교육세미나 · 컨설팅 담당 경험 다수

# 일본 소호(보따리)무역 창업의 길라잡이

초판인쇄 | 2018년 10월 19일
초판발행 | 2018년 10월 24일

저　　자 | 김영문 · 임동근
발 행 인 | 위 호 준
발 행 처 | 도서출판 집현재
04091 서울특별시 마포구 토정로 222
한국출판콘텐츠센터 417호
전화 (02)332-4922 Fax (02)3142-4922
홈페이지: www.jhjbook.co.kr
e-mail: jyp4922@naver.com
출판등록 | 2010년 10월 25일
등록번호 | 제105-91-57581호

정가 14,000원　　ISBN 978-89-97304-86-8

이 도서의 국립중앙도서관 출판예정도서목록(CIP)은 서지정보유통지원시스템 홈페이지(http://seoji.nl.go.kr)와 국가자료공동목록시스템(http://www.nl.go.kr/kolisnet)에서 이용하실 수 있습니다. (CIP제어번호: CIP2018032701)